行业实训手册（信息技术类）

河南省高校创新创业教育统编教材编写组　编

主　编　蒋华勤　岳　亮

副主编　李海霞　任小瑞　董学力

河南大学出版社
HENAN UNIVERSITY PRESS
·郑州·

图书在版编目(CIP)数据

行业实训手册. 信息技术类/河南省高校创新创业教育统编教材编写组编. —郑州:河南大学出版社,2019. 8

ISBN 978-7-5649-3836-9

Ⅰ. ①行… Ⅱ. ①河… Ⅲ. ①大学生-创业-教材 Ⅳ. ①G647. 38

中国版本图书馆 CIP 数据核字(2019)第 164596 号

责任编辑 陈 巧 付会娟
责任校对 聂会佳
封面设计 今日文教

出版发行 河南大学出版社
地址:郑州市郑东新区商务外环中华大厦 2401 号 邮编:450046
电话:0371-86059750(高等教育与职业教育出版分社)
0371-86059701(营销部) 网址:www. hupress. com

排　　版 郑州市今日文教印制有限公司
印　　刷 北京虎彩文化传播有限公司
版　　次 2019 年 11 月第 1 版　**印　　次** 2019 年 11 月第 1 次印刷
开　　本 787 mm×1092 mm 1/16　**印　　张** 5. 25
字　　数 121 千字　**定　　价** 15. 00 元

前　言

当前，全球经济化和信息化的趋势日益增强，信息技术创新正进入新一轮加速期，以云计算、大数据、物联网、移动互联网、人工智能、虚拟现实、5G 技术等新一代信息技术快速演进，基础物理、材料、生物、脑认知等前沿科学技术与信息通信技术的交叉渗透日益深化，推动产业发生巨大变革。信息技术革命正以传统产业难以比拟的增量效应、乘数效应和技术外溢效应，不断向其他领域的产品和服务渗透，信息技术领域已成为提升国家科技创新实力、推动经济社会发展和提高整体竞争力最重要的动力引擎。

随着“大众创业、万众创新”国家战略深入实施，创新创业已日益成为我国家喻户晓、人人皆知的话题。如何在新一轮信息技术革命中把握机遇，激发广大信息技术类专业学生的创新创业活力，也是高等学校在深化创新创业教育改革中所面临的现实问题。为此，我们编写出版了这部《行业实训手册》，以期为信息技术类专业学生和准备或已经进入创新创业实践的需要者提供帮助。

本书将信息技术基本理论与创新创业实践相结合、宏观与微观相结合、定性与定量相结合，内容包括信息技术产业发展现状、如何选择创业项目和团队成员、如何提升创新创业实践能力、注册公司前的准备、创业案例分析等，满足了教育部对信息技术类专业开展创新创业教育的基本要求。各位专家在写作过程中参阅了大量的相关书籍，谨向他们表示最诚挚的谢意。感谢郑州大学大学生就业创业指导服务中心张红英主任、河南大学就业创业指导中心李从国主任、河南财政金融学院双创学院丁峰院长在本书编写过程中给予的指导和帮助，感谢郑州西亚斯学院创业服务中心张紫辉老师的辛勤工作，感谢黄河水利职业技术学院网络技术教研室曹建春主任在信息技术专业领域提供的指导与帮助，感谢河南大学出版社编辑们的辛勤工作。

由于作者理论水平和写作能力所限，书中疏漏和不尽人意之处在所难免，恳请同行专家和读者批评指正，再版时予以修改。

编　者

2019 年 10 月 28 日

目　录

第一章

信息技术产业发展现状

第一节　信息与信息技术

一、信息

信息是当代社会使用最多、最广、最频繁的概念之一。它不仅在人类社会经济活动的各个领域被广泛应用，而且在研究客观世界的各种现象及规律中也被广泛采用。信息、物质（含能量）、人力资源被统称为现代人类社会的三大资源。

（一）数据是信息载体

1. 数据的含义

数据（date）是传载和记录消息的、可以输入并能被计算机处理的、按照一定规则排列组合的、可鉴别的一组抽象物理符号序列。它可以是数字、文字、图形、声音和影像，也可以是计算机代码。数据是客观事物（一个人、一件事和一个过程等）的属性、运动状态及其变化以及彼此相互关系的一种信息描述形式。如图 1.1 所示。

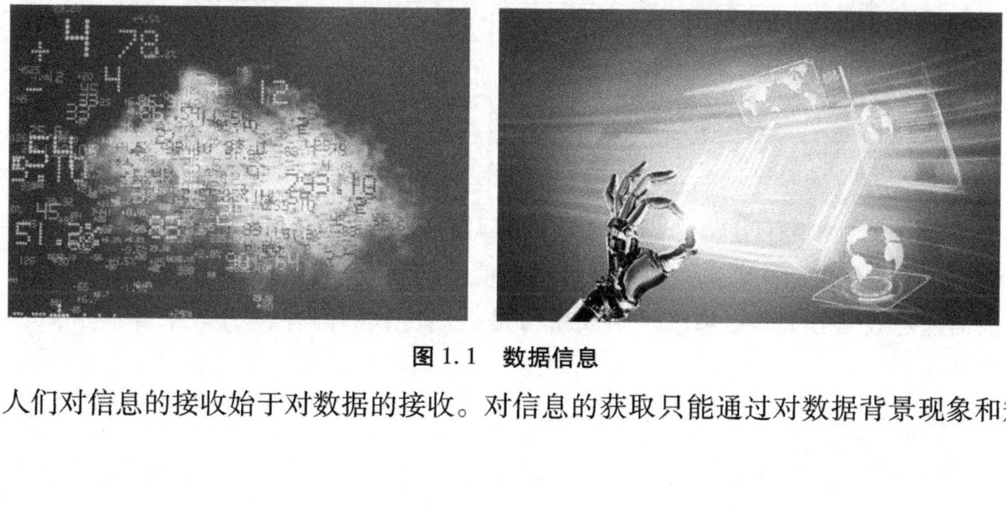

图 1.1　数据信息

人们对信息的接收始于对数据的接收。对信息的获取只能通过对数据背景现象和规则的解读,也即是当数据接收者了解一组物理符号的规则或规律,并知道它们当中每个符号或符号序列公认的指向性目标或含义时,便可以获取该组数据所传载或记录的信息。也就是说,数据转化成为信息。

2. 数据的主要特征

抽象性。数据是一组抽象的物理符号序列,是信息编码的一种抽象形式,本身没有具体意义,抽象性特征比较明显。

多媒体性。数字、文字、声音、图形、图像、动画、视频等多种媒体形式都可以作为数据的表征形式,这种表征形式的多样化就是数据的多媒体性。

可入、可出、可处理性。数据是计算机处理的基本单位和对象。因此,对表征数据的一组物理符号序列的基本要求是:可以输入到计算机并被处理,且能将结果输出供用户使用。

(二) 信息的含义

信息渗透和存在于人类社会和自然界的各个角落,它无时不在、无处不在,具有客观性和真实性。

1. 信息的基本概念

信息,是指与具体事物相结合,经解释或加工处理,能对人们的思维和行为产生影响,又对管理或决策提供支持的有用的特定数据。信息普遍存在于自然界、人类社会、人们的认识及思维过程中。它是世界上一切事物的状态和特征的反映。当事物的状态和特征不断发生变化时,就会不断地产生信息。信息的现实意义就在于它能被接受、处理和利用,并能够指导和影响人们的行动。

2. 数据和信息的关系

数据和信息具有十分密切的关系,如图 1.2 所示。

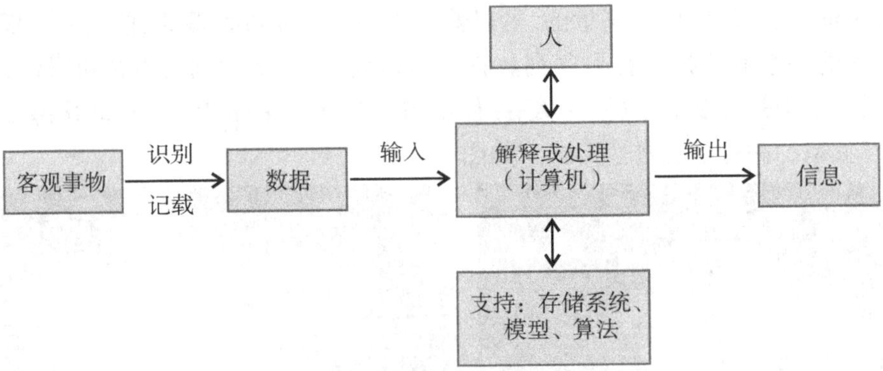

图 1.2 数据与信息的关系示意图

(1) 数据和信息相互联系与依存。数据是信息的载体(或称“车”)和表现形式,是“原材料”;而信息是数据加工的结果,是“制成品”,是数据传载的内容(或称“乘客”)和数据的真实意义。

(2) 数据和信息之间具有相对性。比如在一个学校里面,各班级汇集自己的数据,经过解释或加工，对班级来说是信息，但对学校来说，仍然是数据。

（3）数据和信息的相同点：形式一样，目标一样，不可分割，缺一不可。

（4）数据和信息的不同点：两者含义不同。数据是抽象物理符号序列，是载体，可以独立于计算机、物质和人而存在，本身毫无具体实际意义；而信息必须与事物相结合，且能被计算机处理，对人的行为产生影响。信息来源于数据，是数据加工的结果，有实际意义和价值，更深刻、更本质地反映客观事物。

3. 信息的分类

目前，如果对信息进行分类的话，按照事物的不同类型来分，可以分为以下几种。

（1）无生命信息。

从出现的早晚看，无生命事物信息历史最长久，和宇宙同龄。宇宙运动是永恒的，反映宇宙运动状态和方式的信息也是永恒的。人类对月球探险，揭开了千万年以来人类对月球认识的神秘幻想。中国“嫦娥四号”探测器于 2019 年 1 月 3 日成功着陆月球背面预选着陆区，通过中继通信卫星“鹊桥号”传回全球首张月球背面影像图，迈出了中国探月与全球探月计划历史性的一步，如图 1.3 所示。这就是无生命的事物信息。

图 1.3　月球探测

（2）有生命信息。

有生命事物是由无生命事物进化而来。这类信息与无生命信息相比，在构成、传播、利用方式上有了很大的进步。有了专门的信息载体，如生物的遗传基因；有了专门的信息储存、处理实体，如动物的大脑；主动式的信息传播、接收、利用方式，如生物的生殖信息。并形成了专职从事信息开发、利用的信息系统。

（3）社会信息。

人类社会是生物世界经过漫长的进化历程演变而来的，它是一个充满着思想、意识、智慧和精神活动的世界。信息活动成为这个社会的核心。作为人类社会的每个组成个体，人具有世界上最高级、最完善的信息系统：感官—神经—大脑。因为社会活动的需要，人类除改进自身器官的信息交流能力与效率之外，还学会了利用自身之外的事物来创造信息加工、传播、存储的手段，这大大改善了人类驾驭信息的能力。因此，与无生命和有生命信息相比，社会信息量更大、更复杂、更高级。

(4) 其他信息分类。

从系统论的观点看,自然界都是由相互关联的、相对关系密切的系统组成。系统内部的各个组成部分之间有信息交换,信息是很多部分组成一个系统的纽带。系统和系统之间也有信息交换,信息使自然界成为一个整体。就某个系统而言,不同组成间的信息叫内部信息,来自别的系统的信息为外部信息。

4. 信息的五大功能

总体来说,信息具有五大功能:

(1) 开发功能。利用信息进行新产品研发和各种创新活动。

(2) 增值功能。信息是倍增器。

(3) 预测功能。利用信息和相应的预测模型、技术等工具,对未来发展进行预测。

(4) 优化功能。利用信息和相应评价、选择模型,对各种解决方案进行比较、评价和择优,从而实现优化处理。

(5) 管控功能。利用信息和信息反馈,实现有效的控制和管理。

二、信息技术

信息技术的飞速发展,对社会和世界经济、科技产生了巨大影响,正在推动着人类文明不断进步。现代信息技术具有强大的社会功能,是21世纪推动生产力发展和经济增长的重要因素。信息技术改变产业结构,对人的思想观念、思维方式和生活方式都产生了重大影响,人类社会正在向信息社会不断迈进。

(一) 信息技术简介

信息技术的研究包括科学、技术、工程以及管理等学科,研究信息的管理、传递和处理中的应用、相关的软件和设备及其相互作用等。

信息技术的应用包括计算机硬件和软件、网络和通信技术、应用软件开发工具等。互联网普及以来,计算机是生产、处理、交换和传播各种形式的信息(如书籍、商业文件、报刊、电影、电视节目、语音、图像等)的主要工具。

1. 信息技术的含义

信息技术是指完成信息的获取、加工、传递和利用等技术的总和。信息技术包含通信、计算机与计算机语言、计算机游戏、电子技术、光纤技术等。现代信息技术是以微电子和电子技术为基础、以计算机和通信技术为支撑、以信息处理技术为主题的技术系统的总称,是一门综合性的技术。

信息技术也可以理解为能够扩展人的信息功能的技术。人的信息功能是指人与信息打交道的本领。人的信息功能主要是由人的一系列信息器官承担的。比如说,感觉器官主要承担信息提取、交换和检测的功能;神经系统主要承担信息传递和某些信息的处理功能;大脑承担信息存储、分析、加工并产生新信息的功能。信息技术大大扩充了人的信息功能。

广义而言,信息技术是指能充分利用与扩展人类信息器官功能的各种方法、工具与技能的总和。该定义强调的是从哲学上阐述信息技术与人的本质关系。

中义而言,信息技术是指对信息进行采集、传输、存储、加工、表达的各种技术之和。该定义强调的是人们对信息技术功能与过程的一般理解。

狭义而言,信息技术是指利用计算机、网络、广播电视等各种硬件设备及软件工具与科学方法,对图文声像各种信息进行获取、加工、存储、传输与使用的技术之和。该定义强调的是信息技术的现代化与高科技含量。

2. 信息技术发展简史

人类通信历史很悠久。远古时期,人们通过简单的语言、壁画等方式交换信息。千百年来,人们用语言、图符、钟鼓、烟火、竹简、纸书、烽火狼烟、飞鸽、驿马等传递信息。现在还有一些国家的原始部落,保留着击鼓鸣号的古老通信方式。现代社会中交警的指挥手语、航海的旗语等是古老通信方式发展的结果,这些信息传递的基本方式都是依靠人的视觉与听觉。信息技术发展的历程如下。

(1) 第一次信息技术革命。

第一次信息技术革命是语言的使用,发生在距今约 35 000~50 000 年前。语言的使用是从猿进化到人的重要标志。类人猿是一种类似于人类的猿类,最初只能通过手势、表情、肢体动作、嗓音来表达和传递信息。大约在后巴别塔时代,经过千百万年的劳动过程,类人猿演变、进化、发展成为现代人,与此同时语言也随着劳动产生。语言的产生是历史上最伟大的信息技术革命,它成为人类社会化信息活动的首要条件。

(2) 第二次信息技术革命。

第二次信息技术革命是文字的创造,大约在公元前 3500 年出现了文字。文字的创造——这是信息第一次打破时间、空间的限制。

陶器上的符号:原始社会母系氏族繁荣时期(河姆渡和半坡原始居民)。

甲骨文:记载商朝的社会生产状况和阶级关系,文字可考的历史从商朝开始,金文(也叫铜器铭文):商周一些青铜器,常铸刻在钟或鼎上,又叫“钟鼎文”。如图 1.4 所示。

(3) 第三次信息技术革命。

第三次信息技术革命是印刷的发明,印刷术的发明约在公元 1040 年,我国开始使用活字印刷技术(欧洲人 1451 年开始使用印刷技术),如图 1.5 所示。汉朝以前使用竹木简或帛做书材料,直到东汉(公元 105 年)蔡伦改进造纸术,这种纸叫“蔡侯纸”,如图 1.6 所示。从后唐到后周,封建政府雕版刊印了儒家经书,这是我国官府大

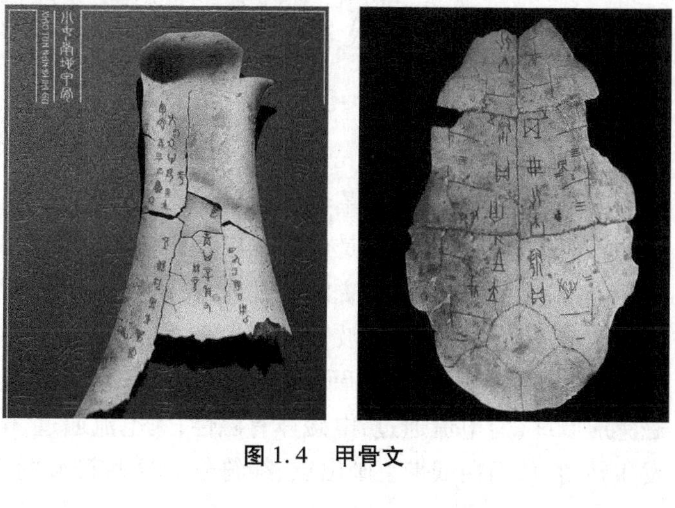

图 1.4 甲骨文

规模印书的开始,印刷中心主要在成都、开封、临安、福建。

图 1.5　印刷术

图 1.6　蔡伦和造纸术

(4) 第四次信息技术革命。

第四次信息技术革命是电报、电话、广播和电视的发明和普及应用。19 世纪中叶以后,随着电报、电话的发明,电磁波的发现,通信领域产生了根本性的变革,实现了金属导线上电脉冲传递信息及通过电磁波来进行无线通信。

1837 年,美国人莫尔斯研制了世界上第一台有线电报机,如图 1.7 所示。电报机利用电磁感应原理(有电流通过,电磁体有磁性;无电流通过,电磁体无磁性),使电磁体上连着的笔发生转动,从而在纸带上画出点、线符号。这些符号的适当组合(称为莫尔斯电码),可以表示全部字母，文字就可以经电线传送出去了，实现了长途电报通信。1864 年，英国著名物理学家麦克斯韦发表了一篇论文(《电与磁》)，预言了电磁波的存在，说明了电磁波与光具有相同的性质，都是以光速传播的。

■ 莫尔斯式继电器人工电报机

莫尔斯，S.

图 1.7　莫尔斯研制了世界上第一台有线电报机

1875 年，苏格兰青年亚历山大 · 贝尔发明了世界上第一台电话机。1878 年，在相距 300 千米的波世顿和纽约之间进行了首次长途电话实验并获得成功。

1876 年 3 月 10 日，美国人贝尔用自制的电话同他的助手通了话。电话机的发展如图 1.8 所示。

1888 年，德国青年物理学家海因里斯 · 赫兹(H. R. Hertz)用电波环进行了一系列实验，发现了电磁波的存在，他用实验证明了麦克斯韦的电磁理论。这个实验轰动了整个科学界，成为近代科学技术史上的一个重要里程碑，促进了无线电的诞生和电子技术的发展。

1895 年，俄国人波波夫和意大利人马可尼分别成功地进行了无线电通信实验。

1894 年，电影问世。

1925 年，英国首次播映电视。

电磁波的发现产生了巨大影响，实现了信息的无线电传播，其他的无线电技术也如雨后春笋般地涌现。1920 年，美国无线电专家康拉德在匹兹堡建立了世界上第一家商业无线电广播电台，从此广播事业在世界各地蓬勃发展，收音机成为人们了解时事新闻的方便途径。1933 年，法国人克拉维尔建立了英法之间的第一条商用微波无线电线路，推动了无线电技术的进一步发展。静电复印机、磁性录音机、雷达、激光器都是信息技术史上的重要发明。

1877年的电话机

1910年的电话机

1919年的电话机

1937年的电话机

1956年的电话机

现在的电话机

图 1.8　电话机的发展

(5) 第五次信息技术革命。

第五次信息技术革命始于 20 世纪 60 年代,其标志是电子计算机的普及应用及计算机与现代通信技术的有机结合。如图 1.9 所示。

图 1.9　电子计算机的普及应用

随着电子技术的发展,军制、科研迫切需要的计算工具也得到大大改进,1946 年,由美国宾夕法尼亚大学研制的第一台电子计算机诞生了。

1946~1958 年,第一代电子计算机;

1958~1964 年,第二代晶体管电子计算机;

1964~1970年,第三代集成电路计算机;

1971~20世纪80年代,第四代大规模集成电路计算机;

至今正在研究第五代智能计算机。

为了解决资源共享问题,单一计算机很快发展成计算机联网,实现了计算机之间的数据通信、数据共享。通信介质从普通导线、同轴电缆发展到双绞线、光纤导线、光缆。电子计算机的输入输出设备也飞速发展起来,扫描仪、绘图仪、音频视频设备等可以处理更多的复杂问题。20世纪80年代末,多媒体技术的兴起使计算机具备了综合处理文字、声音、图像、影视等各种信息的能力,人类由工业社会转入信息社会。

3. 信息技术分类

(1) 按表现形态的不同,信息技术可分为硬技术(物化技术)与软技术(非物化技术)。前者指各种信息设备及其功能,如显微镜、电话机、通信卫星、多媒体电脑。后者指有关信息获取与处理的各种知识、方法与技能,如语言文字技术、数据统计分析技术、规划决策技术、计算机软件技术等。

(2) 按工作流程中基本环节的不同,信息技术可分为信息获取技术、信息传递技术、信息存储技术、信息加工技术及信息标准化技术。信息获取技术包括信息的搜索、感知、接收、过滤等。如显微镜、望远镜、气象卫星、温度计、钟表、Internet搜索器中的技术等。信息传递技术指跨越空间共享信息的技术,又可分为不同类型。如单向传递与双向传递技术,单通道传递、多通道传递与广播传递技术。信息存储技术指跨越时间保存信息的技术,如印刷术、照相术、录音术、录像术、缩微术、磁盘术、光盘术等。信息加工技术是对信息进行描述、分类、排序、转换、浓缩、扩充、创新等的技术,其发展已有两次突破:从人脑信息加工到使用机械设备(如算盘,标尺等)进行信息加工,再发展为使用电子计算机与网络进行信息加工。信息标准化技术是指使信息的获取、传递、存储、加工各环节有机衔接,与提高信息交换共享能力的技术。如信息管理标准、字符编码标准、语言文字的规范化等。

(3) 日常用法中,有人按使用的信息设备不同,把信息技术分为电话技术、电报技术、广播技术、电视技术、复印技术、缩微技术、卫星技术、计算机技术、网络技术等。也有人按信息的传播模式将信息技术分为传播者信息处理技术、信息通道技术、受者信息处理技术、信息抗干扰技术等。

(4) 按技术的功能层次不同,可将信息技术体系分为基础层次的信息技术(如新材料技术、新能源技术),支撑层次的信息技术(如机械技术、电子技术、激光技术、生物技术、空间技术等),主体层次的信息技术(如感测技术、通信技术、计算机技术、控制技术),应用层次的信息技术(如文化教育、商业贸易、工农业生产、社会管理中用以提高效率和效益的各种自动化、智能化、信息化应用软件与设备)。

第二节　新一代信息技术

国家“十二五”规划中明确了战略新兴产业是国家未来重点扶持的对象,其中信息技术被确立为七大战略性新兴产业之一,将被重点推进。新一代信息技术分为六个方面,分别是下一代通信网络、物联网、三网融合、新型平板显示、高性能集成电路和以云计算为代表的高端软件。近年来,以物联网、移动互联网、云计算、大数据、VR 技术等为代表的新一代信息技术产业正在酝酿着新一轮的信息技术革命。

一、物联网

物联网是新一代信息技术的重要组成部分。物联网的英文名称叫“The Internet of things”。顾名思义,物联网就是“物物相连的互联网”。这有两层意思:第一,物联网的核心和基础仍然是互联网,是在互联网基础上的延伸和扩展的网络;第二,其用户端延伸和扩展到了任何物体与物体之间,进行信息交换和通信。因此,物联网的定义是:通过射频识别(RFID)红外感应器、全球定位系统、激光扫描器等信息传感设备,按约定的协议,把任何物体与互联网相连接,进行信息交换和通信,以实现对物体的智能化识别、定位、跟踪、监控和管理的一种网络。物联网的核心技术及主要应用领域如图 1.10 所示。

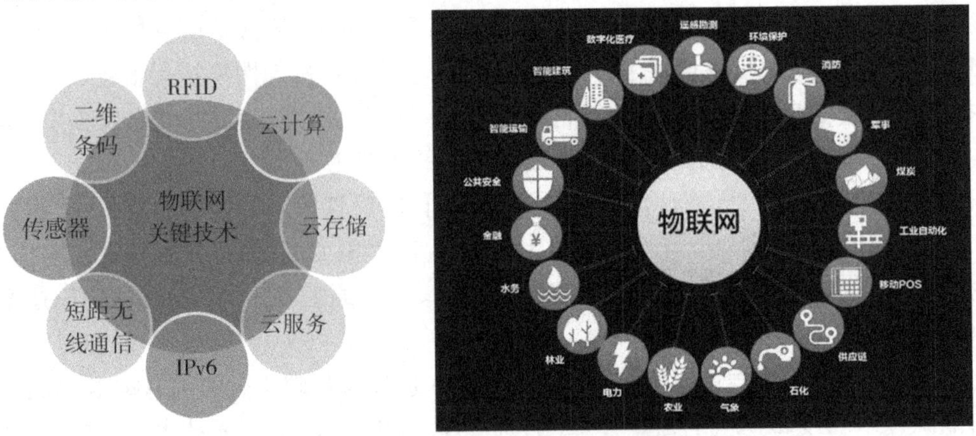

图 1.10　物联网的核心技术及主要应用领域

物联网可以提高经济效益,节约成本。美国、欧盟等都在研究探索物联网。中国也正在高度关注、重视物联网的研究,形成支持新一代信息技术发展的政策措施。

物联网将会成为中国移动未来的发展重点。运用物联网技术,上海移动已为多个行业客户量身打造了集数据采集、传输、处理和业务管理于一体的整套无线综合应用解决方案。上海移动已将超过 10 万个芯片装载在出租车、公交车上,形式多样的物联网应用在各行各业大显神通,确保城市的有序运作。世博会期间,“车务通”全面运用于上海公共交通系统,以最先进的技术保障世博园区周边大流量交通的顺畅；面向物流企业运输管理的“e 物流”，将为用户提供实时准确的货况信息、车辆跟踪定位、运输路径选择、物流网络设计与优化等服务。

“物联网”普及以后，用于动物、植物和机器、物品的传感器与电子标签及配套的接口装置的数量将大大超过手机的数量。物联网将会成为推进经济发展的又一个驱动器，按照目前对物联网的需求，在近年内就需要按亿计的传感器和电子标签，这将大大推进信息技术元件的生产，同时增加大量的就业机会。

二、移动互联网

移动互联网（Mobile Internet，简称 MI）是一种通过智能移动终端，采用移动无线通信方式获取业务和服务的新兴业态，包含终端、软件和应用三个层面。终端包括智能手机、平板电脑、电子书、MID 等；软件包括操作系统、中间件、数据库和安全软件等。移动通信和互联网成为当今世界发展最快、市场潜力最大、前景最诱人的两大业务，它们的增长速度都是任何预测家不曾预料到的，所以移动互联网可以预见将会创造经济神话。移动互联网的优势决定了其用户数量极其庞大。如图 1.11 所示。

图 1.11　移动互联网

三、云计算

云计算是网格计算、分布式计算、并行计算、效用计算、网络存储、虚拟化、负载均衡等传统计算机技术和网络技术发展融合的产物，通过网络把多个成本相对较低的计算实体整合成一个具有强大计算能力的系统，借助 SaaS、PaaS、IaaS、MSP 等先进的商业模式把强大的计算能力分布到终端用户手中。

云计算是一种划时代的技术,将数量庞大的廉价计算机放进资源池中,用软件容错来降低硬件成本,通过将云计算设施部署,规模化的共享使用来提高资源利用率。国外代表性云计算平台达到了惊人的10~40倍的性价比提升。国内由于技术、规模和统一电价等问题,暂时难以达到同等的性价比,我们暂时将这个指标定为5倍。拥有256个节点的中国移动研究院的云计算平台已经达到了5~7倍的性价比提升,随着规模和利用率的提升还有提升空间。云计算产业生态解析如图1.12所示。

2010年4月,谷歌推出了谷歌应用软件引擎(Google App Engine,GAE),开发人员可以编译基于Python的应用程序,可免费使用谷歌的基础设施来进行托管(最高存储空间达500MB)。围绕因特网搜索创建了一种超动力商业模式。如今,他们又以应用托管、企业搜索以及更多形式向企业开放了他们的“云”。对于超过此上限的存储空间,谷歌按“每CPU内核每小时”10至12美分及1GB空间15至18美分的标准进行收费。谷歌还公布了提供可由企业自定义的托管企业搜索服务计划。

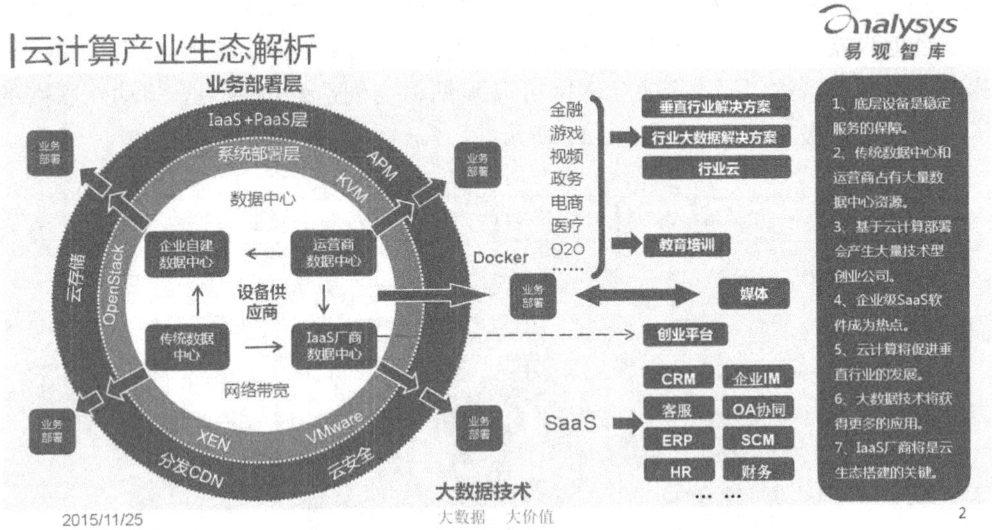

图1.12　云计算产业生态

四、大数据

大数据(big data)是需要新处理模式才能具有更强的决策力、洞察发现力和流程优化能力的海量、高增长率和多样化的信息资产。从数据的类别上看,“大数据”指的是无法使用传统流程或工具处理或分析的信息。

“大数据”具有体量大、多样性、价值密度低、速度快的特点。(1)电子数据量大、源多、传送速度快;(2)成功地利用大数据的国家拥有独特的竞争优势;(3)发达国家都对数据开放,用来治国安民;(4)过去数据必须由专业人员处理应用,现在网民遍天下。大数据的商业价值如图1.13所示。

图 1.13　大数据的商业价值

五、VR 技术

VR 是 Virtual Reality 的缩写，中文意思是虚拟现实，是近年来出现的高新技术，也称灵境技术或人工环境，实际上是一种能够创建和体验虚拟世界的计算机仿真技术。它利用电脑模拟产生一个三维空间的虚拟世界，提供给使用者关于视觉、听觉、触觉等感官的模拟，让使用者如同身临其境一般，可以及时、没有限制地观察三维空间内的事物。

VR 是一项综合集成技术，涉及计算机图形学、人机交互技术、传感技术、人工智能等领域，它用计算机生成逼真的三维视觉、听觉、嗅觉等感觉，使人作为参与者通过适当装置，自然地对虚拟世界进行体验和交互作用。使用者进行位置移动时，电脑可以立即进行复杂的运算，将精确的 3D 世界影像传回产生临场感。该技术集成了计算机图形(CG)技术、计算机仿真技术、人工智能、传感技术、显示技术、网络并行处理等技术的最新发展成果，是一种由计算机技术辅助生成的高技术模拟系统。概括地说，虚拟现实是人们通过计算机对复杂数据进行可视化操作与交互的一种全新方式，与传统的人机界面以及流行的视窗操作相比，虚拟现实在技术思想上有了质的飞跃。

VR 已不仅仅应用于计算机图像领域，还已涉及更广的领域，如电视会议、网络技术和分布计算技术，并向分布式虚拟现实发展。同时，它还被广泛应用于地产漫游、虚拟样板间、多专业协调、网上看房、场馆仿真、教育等。比如，在地产漫游中，通过虚拟现实系统自由行走、任意观看，冲击力强，客户获得身临其境的真实感受，加快合同签约的速度；在教育领域的应用主要集中在支持学习环境创设、支持技能实训、支持语言学习、支持特殊儿童教育四个方面。能够全方位调动学习者的视觉、听觉、触觉、嗅觉、味觉等，实现身心感受的联结，增强学习者的感受力。VR 技术应用如图 1.14 所示。

图 1.14　VR 技术应用

六、3D 打印技术

3D 打印技术,英语名称 3D printing,即快速成形技术的一种。它是一种通过可以“打印”出真实物体的 3D 打印机,数字模型文件为基础,运用粉末状金属或塑料等可黏合材料,通过逐层打印的方式来构造物体的技术。该项技术最突出的优点是无须机械加工或模具,就能直接从计算机图形数据中生成任何形状的物体,从而极大地缩短产品的研制周期,提高生产率和降低生产成本。该技术在珠宝、鞋类、工业设计、建筑、工程和施工、汽车、航空航天、牙科和医疗产业、教育、地理信息系统、土木工程、枪支以及其他领域都有所应用。3D 打印技术的一些应用如图 1.15 所示。

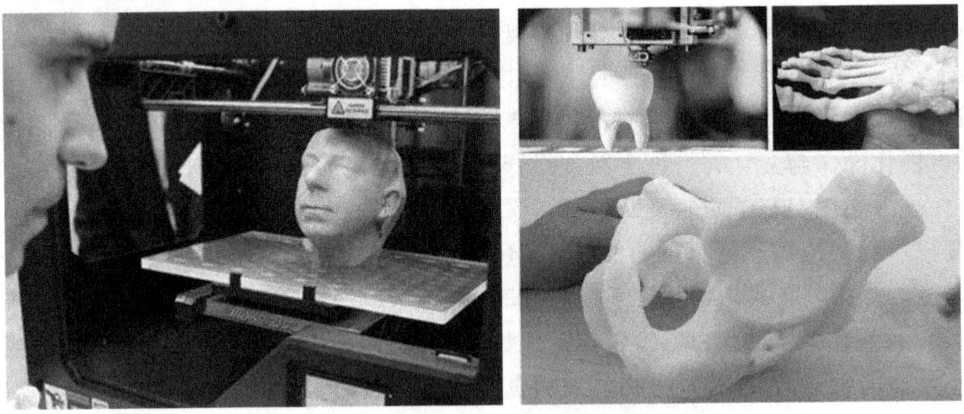

图 1.15　3D 打印技术的一些应用

七、5G 技术

5G,全称是第五代移动电话行动通信标准,也称第五代移动通信技术。5G 网络是指下一代无线网络,是 4G 网络的真正升级版,它的基本要求并不同于无线网络,其主要目标是让终端用户始终处于联网状态，将来能够支持的设备远远不止是智能手机，还要支持智能手表、健身腕带、智能家庭设备如鸟巢式室内恒温器等。4G 的人均速率为 5Mb～10Mb，5G 的速度将提升十倍。5G 网络峰值速率能达到 1.2G，下载一个 2GB 高清电影，最快 20 秒就可以完成，这样的带宽和网速能满足包括智能服务机器人在内大量物联网设备的接入。如图 1.16 所示。

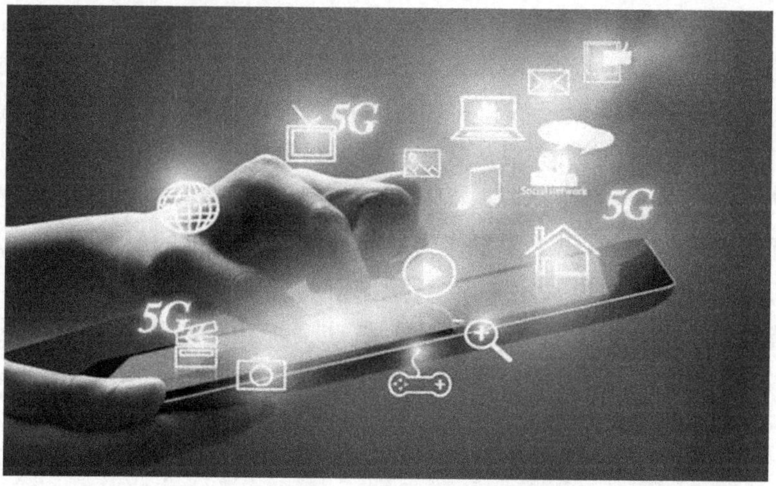

图 1.16　5G 技术

2009 年，华为就已经展开了相关技术的早期研究，并在之后的几年里向外界展示了 5G 原型机基站。2013 年 5 月 13 日，韩国三星电子有限公司宣布，已成功开发第五代移动通信技术(5G)的核心技术，预计于 2020 年开始推向商业化。2015 年 5 月 29 日，酷派首提 5G 新概念：终端基站化。2016 年 1 月 7 日，中华人民共和国工业和信息化部（下称“工信部”）召开“5G 技术研发试验”启动会。2017 年 2 月 9 日，国际通信标准组织 3GPP 宣布了“5G”的官方 Logo。中国三大通信运营商于 2018 年迈出 5G 商用第一步，并力争在 2020 年实现 5G 的大规模商用。

2017 年 11 月 15 日，工信部发布《关于第五代移动通信系统使用 3300-3600MHz 和 4800-5000MHz 频段相关事宜的通知》，确定 5G 中频频谱。12 月 21 日，5GNR 首发版本正式冻结并发布。2018 年 6 月 26 日，中国联通表示在 2019 年进行 5G 试商用。8 月 13 日，北京市首批 5G 站点同步正式启动。12 月 1 日，韩国三大运营商 SK、KT 与 LGU+同步在韩国部分地区推出 5G 服务。12 月 10 日，工信部正式对外公布，已向中国电信、中国移动、中国联通发放了 5G 系统中低频段试验频率使用许可。12 月 20 日，5G 当选为 2018 年度科技类十大流行语。2019 年 1 月 24 日，华为发布 5G 基带芯片 Balong 5000。2 月 18 日，上海虹桥火车站正式启动 5G 网络建设，成为全球首个用 5G 室内数字系统建设的火车站，并计划在 2019 年 9 月完成 5G 网络深度覆盖，推动火车站实现数字化、智能化，而其低时延的特点可以让室内导航精度更高，可以在高峰期精确监控疏导人流。

八、智慧城市

智慧城市是新一代信息技术支撑、知识社会下一代创新(创新 2.0)环境下的城市形态。智慧城市基于物联网、云计算等新一代信息技术以及维基、社交网络、Fab Lab、Living Lab、综合集成法等工具和方法的应用,营造有利于创新涌现的生态。利用信息和通信技术(ICT)令城市生活更加智能,高效利用资源,导致成本和能源的节约,改进服务交付和生活质量,减少对环境的影响,支持创新和低碳经济。实现智慧技术高度集成、智慧产业高端发展、智慧服务高效便民、以人为本持续创新,完成从数字城市向智慧城市的跃升。如图 1.17 所示。

经济、流动、环境、公众、居住、管理,利用科技手段使城市管理质量得到提高、管理方式更加深化、服务层次更加多元,以上要素作为共同推动着可持续的经济发展并追求更高品质的市民生活时,这样的城市可以被定义为"智慧城市"。

本质上,智慧城市是一种发展城市的新思维,也是城市治理和社会发展的新模式、新形态。智慧化技术的应用必须与人的行为方式、经济增长方式、社会管理模式和运行机制乃至制度法律的变革和创新相结合。

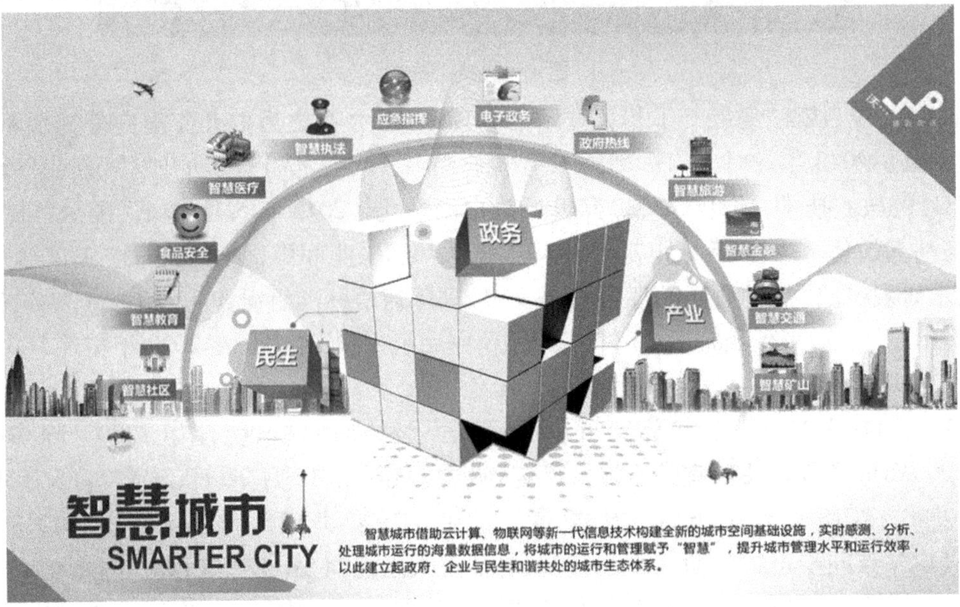

图 1.17　智慧城市

智慧城市经常与数字城市、感知城市、无线城市、智能城市、生态城市、低碳城市等区域发展概念相交叉,甚至与电子政务、智能交通、智能电网等行业信息化概念发生混杂。

九、三网融合

三网融合是指电信网、广播电视网、互联网在向宽带通信网、数字电视网、下一代互联网演进过程中，三大网络通过技术改造，其技术功能趋于一致，业务范围趋于相同，网络互联互通、资源共享，能为用户提供语音、数据和广播电视等多种服务。三网融合并不意味着三大网络的物理合一，而主要是指高层业务应用的融合。如图 1.18 所示。

图 1.18　三网融合

第三节　信息技术行业未来发展

信息技术已经成为推动全球产业变革的核心力量，并且不断集聚创新资源与要素，与新业务形态、新商业模式互动融合，快速推动农业、工业和服务业的转型升级和变革，全新的工业经济发展模式正在到来。当前，全球信息化进程推动信息技术行业呈现一些新的发展趋势。

一是全球信息技术创新日益加快。以云计算、物联网、大数据和人工智能为代表的新一代信息技术蓬勃发展，先进计算、高速互联、智能感知等技术领域创新方兴未艾，类脑计算、深度学习、机器视觉、虚拟/增强现实乃至无人驾驶、智能制造、智慧医疗等技术及应用创新层出不穷；面向未来的新技术体系正在加速建立，竞争的焦点从单一产品转变为技术产品体系和生态体系的竞争。伴随网络化、融合化和体系化发展，全球范围内信息领域技术与产品形态正不断创新发展，新一阶段的技术和产业演进脉络日渐清晰，并不断产生新的平台、新的模式。

二是全球信息技术产业格局进入深度调整期。全球信息技术产业并购整合规模、频度、范围屡创新高。半导体产业巨头纷纷投入巨资，垂直整合产业生态链中的稀缺资源和关键要素，全力打造自身在产业和技术上的竞争优势；谷歌、苹果、Facebook 等公司持续并购大量人工智能、智能硬件、应用开发、平台服务等公司，传统设备、软件巨头整合云计算、大数据和物联网资源，抢占人工智能等新一代信息技术发展先机。

三是互联网普及进入拐点。当前全球互联网普及进程逐渐开始减速，预期这一趋势将在未来几年得到持续强化。与此同时,随着可穿戴设备、智能家居、车联网、智慧城市等产品和服务的发展,接入网络的设备数量呈现逐年递增趋势。接入主体的变化,将对网络的技术创新、应用形态以及服务能力产生深远影响。

四是互联网深度融入社会治理。互联网逐步成为人们社会交往、自我展现、获取信息、购买产品和服务的基本生活空间。互联网及大数据正驱动社会治理从单向管理向双向协同互动转变,社会治理模式正从依靠决策者进行判断,发展到依靠海量数据进行精确引导。

随着应用程度的不断提升,信息技术服务与企业生态链的结合越来越紧密,对于提高运营效率,改进管理方式的重要作用越发凸显,对企业用户长期发展的战略价值也在不断扩大。不断增长的用户需求直接带动了信息技术服务行业的发展,市场规模持续扩大。随着人类未来全面进入信息时代,信息技术产业无疑将成为未来全球经济中最宏大、最具活力的产业。信息将成为知识经济社会中最重要的资源和竞争要素,信息技术也会成为各国研究和发展的重要对象。

第二章

如何选择创业项目和团队成员

关于创新创业问题，哈佛商学院教授斯蒂文先生总结得非常好。他说：创新创业是不拘泥于资源约束的前提下把握机会，整合资源。课堂教学和课外培养双环节都是培养学生创新创业精神和实践必不可少的环节。要想培养具有创新创业精神和实践能力的新时期的大学生，必须从教育、学习、生活等各个方面潜移默化地培养，才能培养出综合素质过硬、适应未来经济社会发展的创新创业人才。

我们常说"一个篱笆三个桩，一个好汉三个帮"。一个人再怎么优秀，他的力量终归是有限的，不可能具备创业需要的所有的知识、经验和技能。而从古至今，单靠一个人就能成就非凡大业的经历也是闻所未闻，政治上如此，商场亦如此。尤其是对于一个迅速发展的初创企业来说，在创业初期至关重要的工作就是组建一个稳定高效的核心团队，借助团队成员所拥有的客户经验、产品经验、创业经验和人际关系等，解决创业过程中可能出现的种种问题。

团队，是为了实现一个共同的目标而汇合而来，需要彼此协调、相互依存；需要分工协作，优势互补；需要团结友爱、互帮互助；需要风雨同舟，甘苦与共。在这个世界上，任何一个人的力量都是渺小微弱的。一个追求卓越的人，仅凭自己的孤军奋战，单打独斗，是不可能成大气候的。只有融入团队，借助团队的力量一起奋斗，才有可能成就卓越，实现个人价值的最大化。

因此创业所关注的核心并不是个人英雄主义的个体创业者，而是卓有成效的创业团队。没有团队的创业也许并不一定会失败，但要创建一个没有团队而具有高成长性的企业却极其困难。团队成员之间的技能互补可以提高驾驭环境的不确定因素，降低新创企业的失败风险，通过更强的资源整合能力和风险运营能力，保证创业企业的成功。

创新创业教育是一个复杂的系统工程，它要培养的是具有创新能力、富有创业精神和有较高综合素质的复合型、应用型人才。这种培养目标的达成除依靠高校的力量外，还需要全社会的支持与协作，并建立一个有助于大学生创新创业、完善的创新创业服务体系，通过优化创新创业环境，保障创新创业活动顺利开展与实施。作为以培养社会合格建设者与接班人的重要阵地，高等学校必须与时俱进，抓住机遇，大力推进高等教育改革，转变教育思路，改革人才培养模式，努力为社会培养大批高素质、创新创业型人才，以适应经济社会发展的需要。只有这样，高等学校才能抢占人才培养的制高点，更好地推进全面建设小康社会的进程，构建社会主义和谐社会，为中华民族的伟大复兴做出积极贡献。

第一节　项目来源

通过对在校大学生进行针对性的创新创业项目训练,能够促使高等学校转变教育思想观念,改革人才培养模式,强化创新创业能力。信息技术类专业核心是培养学生的创新能力,实践能力、团队协作能力。所以,指导学生选择一个合适的项目进行创新创业训练是十分重要的。

满足信息技术类专业学生开展一个完整的创新创业训练项目的标准:

- 想要解决的问题是什么?(一个有价值的问题)
- 解决问题的办法是什么?(一个具体的解决问题方案)
- 解决问题的人(或团队)是谁?(谁来解决这个有价值的问题)

能够达到信息技术类专业创新创业实践要求的创业基本条件:

好的想法+创新的产品+优秀的团队+强有力的执行

目前针对大学生开展创新创业教育与实践的形式多样,如:基于专业的学科竞赛、挑战杯、创青春、各类社会实践调研、中国“互联网+”大学生创新创业大赛等。从参加比赛的高校数、学生数、项目数、影响力来说,中国“互联网+”大学生创新创业大赛的规模、参与度、影响力都是最大的,所以把中国“互联网+”大学生创新创业大赛不同赛道参赛项目来源分析引入,以河南高校参赛项目的实例为主,结合信息技术类专业的特点,来学习、分析、总结,使师生开阔思路来寻找更合适信息技术类专业创新创业实训的项目。

一、老师和学生的奇思妙想(基于现代信息技术的应用上)

这类项目重点来自于老师和在校大学生的自发创意、自主创新、商机发现,充分体现在校大学生的生活、学习特点,与学生熟悉的学习、生活环境直接相关。

例如,第一届中国“互联网+”大学生创新创业大赛全国总决赛上获奖项目济源职业技术学院的“互联网+鸡蛋(冬凌草鸡蛋)”,第二届中国“互联网+”大学生创新创业大赛全国总决赛上获奖项目华中科技大学的“粉丝网”。“互联网+鸡蛋”项目是把传统的种植和养殖业应用了“二维码”信息技术达到对产地的验证,增强了客户对产品质量的可信度,“粉丝网”项目就是把“追星族”和“明星”交流对接放在一个信息平台上,方便快捷、成本低。如图 2.1 所示。

图 2.1　华中科技大学的“粉丝网”

二、高校师生科技成果转化(重点关注信息技术专业背景的师生)

高校师生的教学、科研与大学生创新创业三合一,在促进大学生创新创业的同时,进行科研成果产业化,创造更大的价值。越来越多的院校师生同创,将老师的科研项目转化为大学生创新创业项目,是大学生高质量创新创业项目的重要来源。

例如,第一届中国“互联网+”大学生创新创业大赛全国总决赛获奖项目黄河科技学院的“飞轮威尔”,如图 2.2 所示。第二届中国“互联网+”大学生创新创业大赛全国总决赛获奖项目福州大学的“北斗”技术民用。这两个项目是把高校研究院所多个信息技术应用到平衡车和导航技术中,促进了产业的集成化、智能化。

图 2.2　黄河科技学院的“飞轮威尔”

三、高校产教融合协同创新(关注学校和信息技术行业的合作)

产教融合协同创新的大学生创新创业项目,会成为越来越多的地方性本科院校与职业院校在创新创业工作中重点关注的发力点。学科建设要注意和当地的产业紧密结合,快速地获得产业需求信息并实现资源对接,通过大学生创新创业项目帮助当地企业转型升级,帮助当地产业与企业实现“互联网+”,将政府、高校、社会、行业、企业五位一体,共同为应用型人才培养和地方经济发展做出贡献。

例如,第二届中国“互联网+”大赛全国总决赛获奖项目山东商业职业技术学院的“无水保活”;第四届中国“互联网+”大赛全国总决赛获奖项目南阳师范学院的“香根草”,如图 2.3 所示。在学校和行业产学研合作项目上,整个技术的创新过程就是多个学科的跨界应用,借助现代信息技术的仪器设备应用到农业、水产等行业中来培育、改良种子、土质、水质等环节,协助把理论创新变成实际成果应用。

图 2.3　南阳师范学院的“香根草”

四、特色专业+优势学科(深入了解本校信息技术类专业与学科的发展现状)

如何将一流学科一流专业的建设与创新创业结合,是学校未来规划的重点方向,也是一流大学(应用型示范本科、示范性高职)建设的要求,紧密结合本校的专业与学科特色,互相促进。通过创新创业促进学校特色学科与专业的打造,把人才培养与产业对人才的需求对接、科研与产业的技术升级相对接、课程教学与产业生产过程相对接,真正的让产业促进高校的特色专业与学科建设。

例如,第二届中国“互联网+”大学生创新创业大赛全国总决赛获奖项目北京航空航天大学的“航空航天与智能装备制造”;第三届中国“互联网+”大学生创新创业大赛全国总决赛获奖项目河南科技大学“新能源汽车电源管理系统”等,如图 2.4 所示。这两个项目是典型的利用高校的优势学科资源,把信息技术较好地应用到不同的行业中,解决行业中的技术痛点问题,增加行业技术的核心竞争力。

图 2.4　河南科技大学的“新能源汽车电源管理系统”

五、“互联网+”新技术（基于“互联网+”思维考虑信息行业存在的问题）

这个时代不断涌现的新技术将大大激发高校师生创新创业的热情，大大促进基于“互联网+”的技术创新与应用创新。“互联网”是人类在技术领域的巨大进步，将重新建构世界的连接方式，重新配置社会资源，“互联网+”大赛中，出现了很多与 VR（虚拟现实）、AI（人工智能）、物联网、大数据、云计算深入结合的创新创业项目。例如，第二届中国“互联网+”大学生创新创业大赛全国总决赛获奖项目黄河科技学院的“VR 全景拍摄系统”，如图 2.5 所示；第三届中国“互联网+”大学生创新创业大赛全国总决赛获奖项目南阳师范学院的“诸葛智游”等。这两个项目是把“互联网+”和信息技术产品进行了完美的结合，让产品更有世代感，使用者更有体验感。

图 2.5　黄河科技学院的“VR 全景拍摄系统”

六、政府公共采购与社会公益服务(考虑信息技术发展如何更好服务社会)

随着中国政府的简政放权,越来越多的政府职能将通过面向社会采购服务的方式进行,为大学生创新创业提供了一个良好的发展空间;随着国民经济增长,追求更高生活品质成为人民群众的广泛需求,此类市场受众群体范围广,市场空间大,且极易得到快速普及,通过创新与创意极大提升政府公共服务的质量与效率,实现双赢。

例如,第二届中国"互联网+"大学生创新创业大赛全国总决赛获奖项目浙江大学的"空气洗手";第二届中国"互联网+"大学生创新创业大赛全国总决赛获奖项目周口师范学院的"留守宝"等,如图 2.6 所示。这两个项目是把传统的服务业注入现代信息技术,让服务行业和客户的需求度更加匹配。

图 2.6 周口师范学院的"留守宝"

七、民营经济二次创业("创二代")(信息技术怎么助力家族产业升级增效)

基于家族产业与产权传承的大学生创新创业项目,也会成为未来大学生创新创业项目的来源之一。中国越来越多的家族产业与拥有的知识产权面临传承接班问题,需要"创二代"们更好发展家族事业。

在民营经济发达的江浙地区,越来越多的家庭企业的新生代——"创二代",实现家庭产业对"互联网"对接,以"大手拉小手"的方式提高大学生创新创业的成功率,也实现了家庭产业的升级跨越发展。

例如,第二届中国"互联网+"大学生创新创业大赛全国总决赛获奖项目桂林电子科技大学的"减速机";第四届中国"互联网+"大学生创新创业大赛全国总决赛获奖项目河南科技大学的“面二代”，如图 2.7 所示。有家族产业的大学生更加关注自家产业现实中存在的问题，并且学会利用自己在大学的资源去解决，这两个项目均是运用信息、机械、生物等技术较好地解决了家族企业的技术瓶颈。

图 2.7　河南科技大学的“面二代”

八、就业型创业(基于电子商务平台创业)(利用电商平台推广信息类产品)

当今社会体现共享经济、电子商务平台创新创业，对技术创新没有什么要求，相对来说创业门槛低、风险小，引导大学生(特别是职业院校的学生)通过创业带动就业是一个不错的选择。众多共享经济平台、电子商务平台，资源丰富，可以为大学生提供创新创业机会，包括淘宝与天猫、京东商城、微信微店等。基于“电子商务平台”的创新创业，适合小微创业，成就更多“小而美”的企业，并能够较好实现“通过创业带动就业”。

例如，第三届中国“互联网+”大学生创新创业大赛全国总决赛获奖项目南开大学的“农梦成真”；第四届中国“互联网+”大学生创新创业大赛全国总决赛获奖项目南阳师范学院的“小科圣”等，如图 2.8 所示。这两个项目就是把原有的传统行业运营模式，运用了“互联网+”的思维来经营，使传统行业在商业模式上发生了改变，让行业服务更人性化、便捷化。

图 2.8　南阳师范学院的“小科圣”

九、紧盯“一带一路”与全球经济一体化创业(把我国信息技术类产业国际化)

中国大学生的创新创业,在立足中国的同时,一定要面向世界,中国倡导的“一带一路”倡议会带来巨大的商机,世界经济的深度融合会带来更多的全球整合资源创新创业的机会。越来越火的跨界电商就是一个很好的缩影,一些具有语音与区域优势的高校可以把握这个机会,对中国五千年的文创产品、农特产、国内产能高的产品,搭建物流、资本的“一带一路”开展创新创业。

例如,第三届中国“互联网+”大学生创新创业大赛全国总决赛获奖项目黄河科技学院的“金漠湾”西北农特产,如图 2.9 所示;第二届中国“互联网+”大学生创新创业大赛全国总决赛获奖项目对外经贸大学“一带一路留学服务”等。互联网在不同行业的应用,其基础硬件和软件系统就是信息技术的集成应用,所以这两个项目是把传统的农产品贸易和语言培训的商业模式放在“互联网”平台上,大大节约了运营成本。

图 2.9 黄河科技学院的“金漠湾”西北农特产

十、农村精准扶贫项目(红色之旅)(信息技术产业密切和乡村振兴结合)

中国现在正在推动乡村振兴计划,非常重视农村的精准扶贫项目开发,引导老师和学生通过技术应用于劳动密集型产业,为返乡下乡人员创新创业提供人才和技术支持等服务,是高校社会服务功能的体现。利用高校的人才优势、专业优势、资源优势,为返乡下乡的人员提供适合当地发展的劳动密集型的创新创业项目,以创新引领创业,创业带动就业,实施农村精准扶贫。

例如,第四届中国“互联网+”大学生创新创业大赛全国总决赛获奖项目河南科技大学的“小康农民讲习所”,如图 2.10 所示;第三届中国“互联网+”大学生创新创业大赛全国总决赛获奖项目河南科技大学的“乐活果园”。这两个农业项目就是典型的“互联网”技术应用到新型职业农民培训和农业种植上的例子。信息技术的发展完善,就是互联网技术不断发展完善的基础,对精准服务“三农”是强大的平台支撑。

图 2.10　河南科技大学的“小康农民讲习所”

第二节　团队的组建

管理学家斯蒂芬·P. 罗宾斯(Stephen P. Robbins)认为:团队就是由 2 个或者 2 个以上相互作用、相互依赖的个体,为了特定目标而按照一定规则结合在一起的组织。

创业团队是团队中最为特殊的一种团队组合形式,是指在创业初期(包括企业成立前和成立早期),由 2 个或 2 个以上有共同创业意愿的创业者,为了实现共同的创业目标而组合在一起的一群能力互补、责任共担的人所组成的特殊群体。创业团队由于处于企业发展初期阶段,需要各类不同的人才共同努力工作,因此团队中的成员可能有着不同的学习经历、社会阅历以及工作经验等,也可能是性格特征和能力互不相同的人。这样的组合有助于提高创业初期的团队驾驭环境不确定性的能力,提高创业团队的运行稳定性和效率。

创业团队的形成主要基于两种原因:一是就单个个体而言,创业需要更多的资源。由于个人所拥有的资源有限,就要寻找能够带给其缺乏资源的合作者,创业成功要依靠团队其他成员,比如寻求填补知识和技能上的空白与社会网络关系的空洞。二是人际间的相互吸引,可能是由于他们之间的血缘关系、个人魅力,或者是有共同的兴趣、爱好、职业等组合在一起。创业团队的人数较少,通常少于 6~7 人。通过构建创业团队能够有效解决单个创业者在能力、经验、资源等方面的局限,通过多个创业者之间的优势互补,进而大大提高创业成功率。

扩展阅读

高校在校生在学习和生活圈里难以找到志同道合、能力互补的创业合伙人?可以尝试通过“遇见创业合伙人”平台进行团队组建。“遇见创业合伙人”是基于微信公众平台全免费的创业伙伴自动匹配交流系统。通过系统可以以选择或输入的方式自由设定自己的创业方向，系统会根据创业方向的相似度、创业人员的位置信息以及重复匹配人员过滤机制等综合分析判断，为最有可能成为创业伙伴的两个创业人员以建立聊天窗口的方式提供交流通道，进行创业交流和思想碰撞。交流结束之后，可以通过点击“寻找合伙人”重新建立新的交流通道。交流窗口基于微信聊天界面，支持语音、文字、图片、视频等多种信息格式。

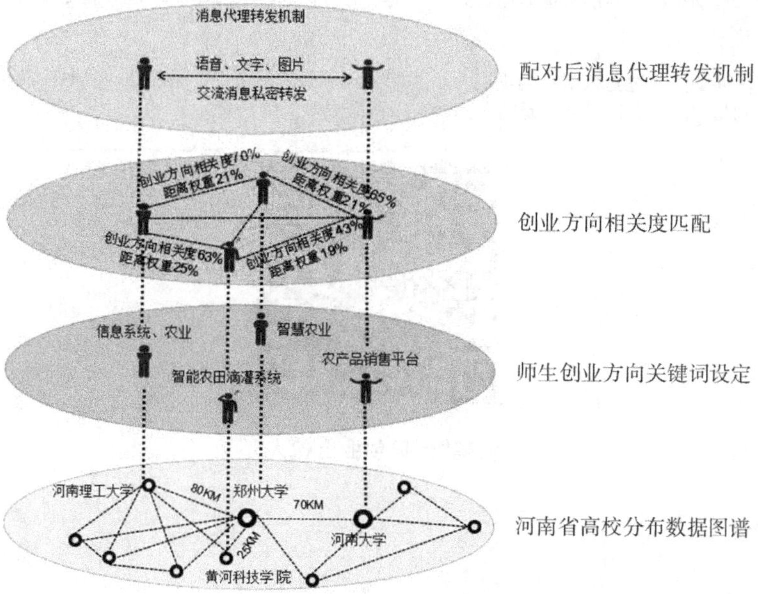

“遇见创业合伙人”逻辑架构图

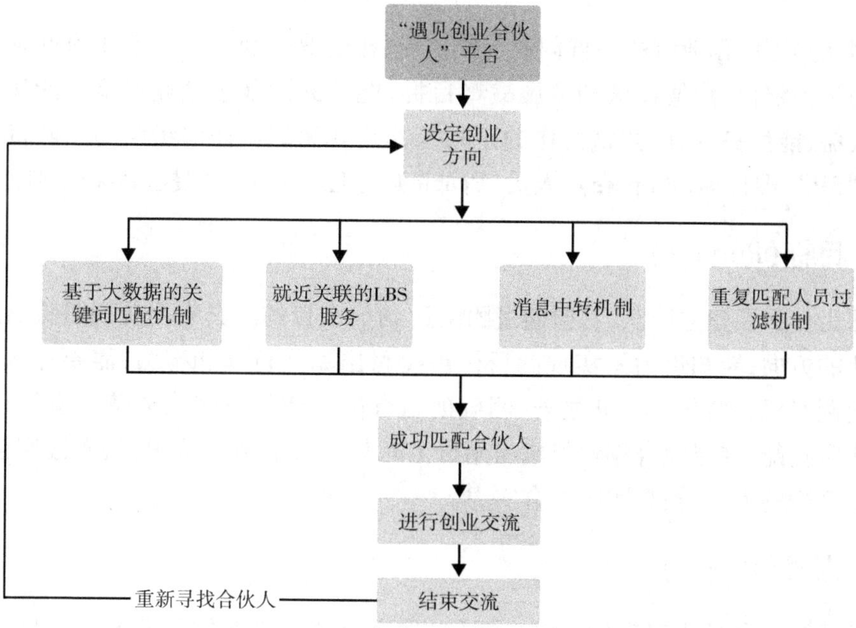

- **基于大数据的关键词匹配机制**：系统采用大数据分析、人工智能技术，根据大量关键词的语义及匹配人员交流的频度和时间等行为分析，自动学习、归类相近关键词，旨在根据关键词精准找到志同道合的创业合伙人
- **就近关联的LBS服务**：系统采用就近匹配的基于位置的服务，让成功匹配的创业伙伴尽可能距离近一些，以便更加容易进一步交流和组成创业团队
- **消息中转机制**：系统为匹配成功的创业合伙人之间建立消息中转功能，双方发送的语音、文字和图片等信息可以通过系统转发给对方，同时系统不会对双方的交流消息进行留存
- **重复匹配人员过滤机制**：为规避总是匹配到同一个人的情况，系统置一定时间内不能匹配到相同的人员，避免总是匹配到一个人而造成时间的浪费

扫码"遇见创业合伙人"

一、创业团队的构成要素

创业团队是围绕创业者的一群创业合作伙伴，在创业过程中以开创性的事业(或企业)，拥有共同的价值定位、价值追求和发展战略目标，能够共同承担创业风险并能按规则办事，共享创业收益，能优势互补，紧密协作的正式或非正式组织。任何组织的团队，都包括五个要素，简称"5P"，即目标(Purpose)、人员(People)、定位(Place)、职权(Power)和计划(Plan)。

(一) 目标(Purpose)

目标即为什么要建立团队，希望通过团队达到什么目的。具有明确的目标，创业团队才能清楚创业的方向，能知道为了实现此目标需要付出哪些行动和努力，需要什么样的机会，从而准确把握时机和商机。除此之外，明确的目标能够使创业团队清楚知道组织需要哪些方面的人才和技能，在寻找合作伙伴或雇用员工时都能有清晰的认识，从而按照创业团队的目标选择最合适的人才，提高团队综合实力。

(二) 人员(People)

目标是通过人员具体实现的，所以人员的选择是团队中非常重要的一个部分。人是构

成团队最核心的力量，其共同点主要体现在创业观相同、价值观相同、金钱观相同。然而对一个创业团队而言，成员之间仅仅有共同点是不够的，还需要有互补点和多元化。不同的人通过分工来共同完成团队的目标，在一个团队中可能需要有人出主意、有人定计划、有人实施、有人协调不同的人一起去工作，还要有人去监督团队工作的进展、评价团队最终的贡献。优势互补既要有性格上的多元化和互补，也要有知识、能力、经验和专业特长方面的互补，还要有人脉资源上的互补。人员选择方面要考虑到人员是否互补，因为每个人的能力是有限的，但当整个团队的能力合并在一起进行重新整合协同的时候，就能发挥更大的作用。

（三）定位（Place）

创业团队的定位包括两个层次。一是创业团队在创业企业中处于什么位置，由谁选择和决定团队的成员，最终应对谁负责以及采取什么方式激励下属。二是创业者个体的定位，即作为成员在创业团队中扮演什么角色，要根据每个成员的专业特长和优势确定其角色定位，从而保证每个成员都能最大限度地发挥自己的功效，在创业过程中遇到的问题都能有相对专业的人来解决。比如，将成员分别定位为主要从事技术开发的技术总监或者市场开发的市场总监等，从而使团队成员在紧密结合的基础上优势互补、协调一致、统筹合作，在增强整个团队士气的同时又能有效地提高整个团队的办事效率，获得更多的收益。

（四）职权（Power）

职权是团队担负的责任和相应拥有的权限，在创业团队中，职权包括两层。一是团队领导人的权力。团队领导人的权力大小与创业团队的发展阶段相关，一般来说，在创业团队发展初期，领导权相对集中，团队越成熟，领导者拥有的权力相应越小；二是团队权力。要确定整个团队在组织中拥有什么决定权，比方说财务决定权、人事决定权等。虽然许多创业团队推崇群策群力，将决策权交给全部成员，每项决策都由整个团队共同商议讨论之后才做出决定，但是在具体执行的时候需要适当的分权，在不损害集体利益的情况下，个人需要拥有与职能相对应的决策权力。

（五）计划（Plan）

准确详细的计划是创业团队成功的前提，也是实现创业目标的保障。创业团队的成员在制订计划时要充分考虑创业企业内外部环境、企业自身优劣势等各方面的因素，其不仅要服务于创业团队短期的目标，还要有利于创业企业长期战略目标的实现。另外，计划一定要具有可行性和可预见性，否则就只能是纸上谈兵，对创业团队没有任何帮助。计划不仅要确保组织目标的实现，而且要从众多的方案中选择最优方案，从而使创业团队资源得到最合理、最有效的应用。合理详尽的计划也能为创业企业今后的管理控制活动提供一定的依据，使创业团队今后的发展与目标要求尽量保持一致，从而使创业企业在正确的轨道上更好地前进。

二、创业团队的组建

(一) 组建创业团队的基本原则

(1) 共同的创业理念;
(2) 具有核心创业者;
(3) 互补原则;
(4) 精简高效原则;
(5) 动态开放原则。

(二) 组建创业团队的主要步骤

创业团队的组建是一个动态过程,它应遵循“按需组建,渐进磨合”的要求逐步实现相对稳定。不同类型的创业项目所需的团队不一样,创建步骤也不完全相同。概括来讲,大致的组建程序如下。

(1) 明确创业目标;
(2) 制订创业计划;
(3) 招募合适的人员;
(4) 职权划分;
(5) 构建创业团队制度体系;
(6) 团队的调整融合。

(三) 优秀创业团队的特征

人们常说的“志同才能道合”“道不同,不相为谋”,经过有关专家对一些成功的创业团队成员的调查和分析,得出结论:一般一个成功的创业团队成员均具备以下五个特征。

(1) 强烈的企图心;
(2) 有胜任力强的带头人;
(3) 专业能力的完美搭配;
(4) 公平合理的利益分配机制;
(5) 坚守基本经营理念。

(四) 优秀创业团队的基本任务

虽然大学生创业成功率很低,基本上是“九死一生”,但是对在校大学生创业团队开展基于项目的有效实训是十分必要的。通过项目组建团队,让团队中的每个人在实训中明白做好一件事“专注、坚持、包容”的意义,经过多年对大学生创业成功的团队进行分析,得出一个优秀的大学生创业团队要完成以下五个基本任务。

1. 政治敏锐

团队要密切关注创业项目所属行业的发展情况，是否符合国家或区域性产业发展的政策等，只有符合政策要求，创业项目才有成长的空间。

2. 政策研究

团队要对创业项目所属行业的一系列政策进行深入的研究，严格按国家支持政策来制定项目的发展规划，项目成长过程中才能有效地享受政策红利。

3. 社会活动

团队要学会和不同行业的人员沟通交流，了解有利于自己创业项目发展的商业信息，让自己的产品得到最有效的认可，团队一定要有很强的社会活动能力。

4. 经济效益

任何创业项目活下来才是“王道”。团队在创业过程中时时刻刻要针对性地分析风险，降低运营成本，提高收益，重视投入与产出的关系。

5. 创业家精神

不是说只有董事长、总经理才讲企业家精神，一个优秀的大学生创业团队在成长过程中同样也要注重企业家精神的养成，大学生通过创业训练培养包含社会责任感、勇于担当、乐于奉献、吃苦耐劳、不断创新的企业家精神太重要了，这也是对大学生开展创新创业教育、实践活动的根本目的。

习题：

1. 根据学习理解谈一下自己对“创业”教育与实践认识(最少讲 2 个以上重要性)。
2. 根据对创业项目来源的学习，您认为一个创业项目最重要的核心竞争力是什么？
3. 在创业实践中，您认为一个有强执行力的团队应该具有哪些必要的要素和理由。
4. 谈一谈创业团队和一般群体之间的主要区别和理由。

第三章

如何提升创新创业实践能力

> 我们身处的是一个愈加复杂和多变的世界，
> 没有任何一种模式能够历久弥新，永世长存。
> 我们面对的是一个持续升级和迭代的市场，
> 没有任何一家企业能够面对挑战，岿然不动。
> 规划未来时，怀着满满的自信，指点江山，
> 自认为找到了解决问题的法宝！
> 遭遇挫败时，伴随难耐的焦虑，彻夜难眠，
> 在绝望的迷雾中找寻一线希望……

市场反馈和最初的设想不一样？花费了大量的时间和精力，却只验证了一个错误的结论？总是在极度的自信和迷茫间摇摆，情绪随着企业业绩的变化从一个极端滑到另一个极端！作为创业者，想必你体会过这种感受，每当这时我们总会思索，有没有什么方法可以提升对创业项目的前期筹划和运营把控能力？或者说创业本身就是一种能力，而我们当前还不完全具备这种能力？

创业的确是一种能力，与我们在学校学习的知识有所不同，这种能力只能训练、无法学习！这是因为知识和能力有本质的不同，知识可能是你读过的书、听过的案例、看过的文章、写过的作业，而能力是你把所有的知识都忘掉之后还能留下的东西！听起来有点抽象，那么我们举个例子来说明一下：创业是一个以客户为中心、围绕着解决客户痛点所开展的一系列工作，是一个“产生价值”“传递价值”和“获取价值”的过程。在这个过程中需要学习太多的知识，比如：什么是客户？如何满足客户需求？什么是销售渠道？怎么经由渠道与客户建立长期持续的客户关系？你肯定知道很多类似这样的知识点，但是就像那句话说的：“我们已经懂得太多道理，但是仍然过不好这一生。”如果一个人掌握了很多创业知识，但是这些知识没有对我们的创业产生明显的效果，他就必须要反思自己是不是成了一座移动的图书馆，是不是知识没有“内化”进而培养成自己的能力？切记不可变成“有知识、没文化，有学历、没能力”的半吊子创业者。

知道没有力量，而做到才有力量！在我个人的理解中，知道和做到其实是两码事，学习的重点不在于知道什么，而在于学到的东西能否在实践中得到应用。我们之前所学的创业

知识,有的是一些相对抽象的理论,或者是他人的一些创业案例,学了也学了,学完也就完了,并没能够恰如其分地应用到自己的项目当中,希望通过本章学习,创业者学会“纸上谈兵”,即把创业各个阶段中的基本规律凝练成一系列的问题分析框架,并且以图纸作为载体进行呈现。利用这些图纸来解构、分析有代表性的案例,通过“解剖小白鼠”使创业者掌握这些分析工具和框架的精神内涵,进而可以在自身创业实践中使用这些工具。当然,这种使用并不是浅尝辄止的演练,而是在整个创业过程中不断地对项目进行推演、优化、迭代和复盘。

第一节　商业计划——我们能构建的最小化产品

一、推演目标

以最快的方式、最少的精力验证商业假设。

二、案例背景

信息技术从来都不是孤立存在的,它总是伴随着其他业务,作为一种手段发挥作用。而摩拜单车正是这样的一种创业案例,它是基于互联网研发的一款解决人们短途出行困扰的方案。用户可以随时随地通过智能手机扫码快速解锁单车,随取随用,通过移动互联网终端与云端服务器之间的通信,实现按照定位寻车、按照时间计费,不仅节能环保,更重要的是解决了人们在城市中出行的“最后一公里”问题。

三、案例呈现

在大城市生活,面对交通拥堵和环境污染这些切实存在的问题,大多数人表现出了冷漠和无奈。这不仅仅是社会问题,需要靠政府倡导或采取强制措施来解决,更多的是要人们改变生活方式。摩拜单车联合创始人王晓峰表示,在这种情况下想要“刺激而冷峻地解决一些实际问题”,于是就选中了自行车这个项目。

2016 年 4 月,摩拜单车逐步推广至上海的大街小巷,从此开启了共享单车的大门,如图 3.1 所示。摩拜单车是一款无停车桩、使用二维码开锁、GPS 定位、手机 APP 按照时间距离和密度动态计费的智能共享单车。摩拜依靠自建工厂、技术创新做成了全球第一家无桩智能共享单车。

用户通过摩拜单车手机 APP,可以随时查看附近单车的位置,预约并可以按照 GPS 定位找到该车。用户支付 299 元押金(可退还),并实行 1 元/半小时的收费标准。通过扫描车身上面的二维码即可解锁开始骑行,到达目的地后,在街边白色画线区域手动锁车完成骑行。

为了降低用户找车的时间成本,车身内置的 GPS 会显示定位,摩拜也鼓励用户上传停车位置照片方便下一个用户找车。

摩拜在前期做了很多调研,研究为什么人们出行不选择自行车。怕丢、怕生锈、价格贵、掉链子、打气麻烦……针对这些问题,摩拜早期利用技术从细节方面一一突破,生产出了第一代经典款摩拜。全铝不锈车身、防爆橡胶实心轮胎、无外置链条、借鉴汽车轮毂技术,并自建工厂,保障了产品各方面改进的要求,坚固耐用。

图 3.1 摩拜单车

四、案例分析

摩拜公司的初心是让城市更美好,用硬技术和有科技感的自行车解决城市出行最后一公里的问题。于是从最开始的想法,想要解决交通拥堵和最后一公里的问题,到利用技术解决人们存在的一系列困扰,再到最终研发出全球首家无桩智能共享单车,推广到市场上以后这种“不拥有、不拒绝、不负责”的借车模式还完美接轨了 80、90 后的生活方式,想不火都难。

第一代经典款的摩拜零配件供应商几乎都不是来自于传统的自行车零配件供应商。电动锁的电池是与特斯拉汽车一样的松下锂电池,全铝车身也来自行业外。初期的生产成本据外界估算高达 6000 元一辆。为了占领市场则需要大量投放,这意味着高昂的投放成本,这种方式耗时、耗力、耗资源,也无法得到有效的用户反馈。构建最小化产品,不需要花大量的时间和人力把一个完整的产品创造出来,只要把这个产品的最核心功能呈现出来,获得用户反馈,再不断迭代更新。

构建最小化产品,以最快的方式、最少的精力验证商业假设。第一步,找到你的用户(Who),发掘用户的典型特征;第二步,找出用户的需求点(What);第三步,分析用户产生这种需求的原因有哪些(Why);第四步,提出解决方案(How),解决用户一直存在的问题和困扰；第五步，在接下来的发展中，企业如何扩大自己的影响力（Where），影响更多的用户，拓展方式有哪些。

采用 4W1H 的方法对摩拜单车进行分析，如图 3.2 所示。

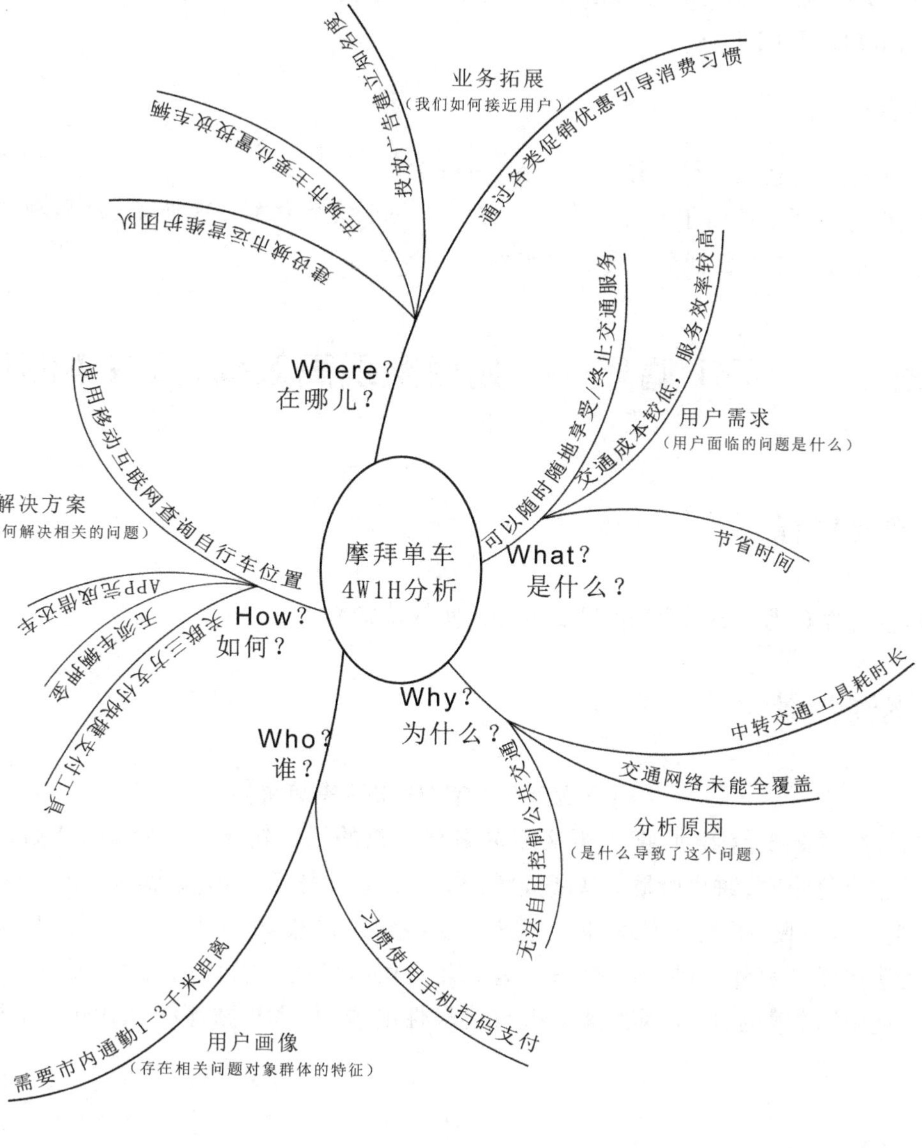

图 3.2　采用 4W1H 的方法对摩拜单车进行分析

摩拜单车通过构建最小化可行产品，迅速掌握用户需求，根据用户需求改良产品节约。第一代经典款摩拜成本估算高达 6000 元一辆，但是用户使用体验感不好；摩拜单车快速根据用户需求进行迭代，2016 年 10 月推出轻骑版车型，价格降至 0.5 元/小时；2016 年 11 月又推出新一版车型，增加了车筐和可调节座椅；2017 年 4 月推出“风轻扬”车型。逐步满足了用户对于单车舒适性和性价比的要求。

同时,摩拜单车还借鉴 Pokeman Go 的玩法,鼓励用户通过游戏的方式参与骑行,在骑行过程中,通过奖励政策激励用户积极参与到摩拜单车生态圈中。通过红包奖励,鼓励用户骑行。用户通过 GPS 定位找到"红包车"并解锁骑行,达到有效骑行时间即可获得奖励。"红包车"也让局部车辆供需失衡的状态得以改善,可以不再单纯依赖人力进行车辆调度,完成供需平衡,节约运营成本。

习题:

1. 为什么说商业计划是最小化产品(MVP)?
2. 简述将商业计划作为最小化产品与制作一个实体化的原型产品,这两种方式各自的优劣势。这两种方式各自适合哪种类型的创业项目?

第二节　BML 循环——如何实现高效率、低成本的试错

一、推演目标

学会精益迭代(未经证实的假设→经证实的认知)。

二、案例背景

【车站旁"正宗"信阳鸡蛋灌饼】

鸡蛋灌饼源于信阳,是把鸡蛋液灌进烙至半熟的手工饼坯内,继续煎烙后入炉烤制而成的一道特色小吃,饼皮酥脆、鸡蛋鲜嫩,搭配上绿叶蔬菜和各类酱料,味道鲜美、营养丰富,加上食用方便,很受大家欢迎。但是在某些特定的市场环境下,"正宗"鸡蛋灌饼被适应性的迭代成了另外一种产品形态。这个案例和信息技术没任何关系,而且也是一个"劣币驱逐良币"的案例,但是因其能够很有代表性的说明 BML 循环的迭代过程,因此还是进行了选录。

三、案例呈现

陆冠英是信阳人,毕业之后在某科技公司任渠道销售,由于工作关系需要长期出差,奔走于各城市的火车站、汽车站之间。一直以来他都有一个疑问,各地车站旁的摊贩都有制作售卖家乡小吃鸡蛋灌饼的,但是为什么吃起来总是和童年的记忆相去甚远呢?难道走过了这么多地方,一个真正的信阳手艺人都没有碰到过吗?这一天,陆冠英计划乘坐的火车因线路原因延误,闲来无事的他在车站外散步,无意间听到了几句熟悉的家乡口音,转头一看竟

然认识，是之前在老家上中学时学校门口摆摊卖“正宗信阳灌饼”的摊贩洪七，他乡遇故知，倍感亲切，陆冠英就上去攀谈起来。

陆冠英：老乡，你还认识我不？这些年还一直做灌饼？

洪七：咦，咋能不认识！你毕业以后我在老家又做了四五年，上个月来郑州干了！

陆冠英：（看了看摊子上的灌饼）你也算是做饼的专家了，咋把咱正宗的鸡蛋灌饼做成这样了？

洪七：说来话长，我上个月来郑州，一出火车站有两个做鸡蛋灌饼的，每家生意都很好，甚至有时候排队才能买到。咱是干这个的啊，我也就买一个尝尝，我哩乖乖唉，这哪是鸡蛋灌饼啊，又贵又难吃。我就想，我把正宗的信阳鸡蛋灌饼带过来，口感比他们的好，价钱和他们持平，肯定生意好啊！

陆冠英：说的没错啊！那成效怎么样？

洪七：别提了，开张第一天，咱正宗的鸡蛋灌饼只卖了五十来个，除掉直接成本和各类杂费之外还赔钱，就这还不算我自己的人工成本。而我观察旁边的两家，各卖了四百个也不止！本来想着咱是新摊位，客户不熟悉，可能慢慢就会好了，可是一个星期过去了，还是老样子，这我就坐不住了，开始向身边的人询问。

陆冠英：调研一下是对的，那你的结论是什么呢？

洪七：经常来吃的人提醒我：“你有没有发现经常来你这吃饼的人大都是在车站的工作人员和在车站附近做生意的，车站最主要的消费群体是旅客，他们是不是很少吃？”他说的这个现象我早已经发现了，但是一直不知道为什么，对方就给我说了原因：“别人的鸡蛋灌饼是用发面（发酵后的面团）做的，面团里面的二氧化碳形成很多小孔，受热膨胀明显，饼做出来以后就显得比较大。”

经过客户提醒我才意识到，咱们正宗的鸡蛋灌饼是用烫面（开水烫过的面）做的，用烫面费工、费时，但是做的饼劲道有嚼劲，而且还有淡淡的甜味，烫面饼在煎烙的时候会自然分层，便于灌入鸡蛋液，这样吃起来口感层次更丰富，这些是咱们正宗灌饼的优势！但是烫面受热膨胀不明显，同样是 75 克的面团，做出来的成品体积就比竞争对手的小了一圈，看起来好像分量就少了。

陆冠英：是的，这就是问题所在！大多数人吃一个饼就饱了，所以旅客们在只能尝试一家的情况下，更倾向于买看起来比较大、卖相比较好的饼。而且旅客们都是流动人口，你的饼口感好，但是口碑效应在这些人群中无法有效积累，虽然固定人口（比如车站的工作人员）知道你的饼好吃会经常来，但是毕竟是少数。

洪七：对，这就是这种市场的特殊性，所以你看不光是车站的鸡蛋灌饼不正宗，所有人口流动量大的地方，比如高速公路服务区、旅游景点里的鸡蛋灌饼都没有正宗的！不是咱们手艺人不会正宗的做法，而是用正宗做法的手艺人无法在这种环境下生存下去。相反，大多数学校门口做灌饼的都很正宗，口感一个比一个好，靠口碑赢得回头客，这也是基于同样的道理。

陆冠英：唉！那你接下来怎么做呢？

洪七:掌握了这个规律之后,我就开始不断尝试新的制作工艺,并且根据市场销售情况不断调整,我也开始用发面。紧接着我发现有七成以上的外地旅客根本不懂什么叫鸡蛋灌饼,他们对于鸡蛋是否灌在饼里面根本就不在意,他们买的时候说的是“要一个鸡蛋饼”而不是“要一个灌饼”,甚至我们把鸡蛋灌进去销售的时候,有些旅客反而认为我们的饼没有鸡蛋!对于这种流动性的市场开展客户教育根本没有意义!既然这样,我就又改良了一下工艺,鸡蛋也不灌在饼里面了,我把鸡蛋煎在饼的外侧,而且打鸡蛋的时候加一些水淀粉,这样煎出来的鸡蛋看起来会更大一些,光这一项,就又增加了37%的流动客户!

陆冠英无奈地摇摇头没有说话。

洪七:你可能觉得这已经不能叫灌饼了,但是没办法,我也要生活啊!后来我把入炉烤制的工序也省了,出饼效率立刻提升了40%左右。旅客们一般都来去匆匆,不愿意为了吃个饼等待很长时间。入炉烤制虽然能使饼皮酥脆,增加口感,但在人流高峰期时却会因为制作周期太长、做的太慢而失去很多销售机会。上星期我把油也调整了,开始用米糠油,换了油大家反而反映“饼吃起来味道不错”。

陆冠英:吃了地沟油还吧唧嘴,这事儿我是理解不了!

洪七:(洋洋得意)大多数人喜欢就行!这不,我又研究了列车时刻表,知道哪些车次出站的人多,这些旅客在什么时间点会出站,我会提前把饼做出来并且卷好、装袋,按照“放辣椒”“不放辣椒”两类放到加热器上面堆成两堆,旅客过来之后直接付钱拿饼走人,就图个快!你别看我的饼做的软趴趴的,但是我现在一天能卖将近一千个饼,车站做饼的这两家加一起都干不过我!

四、案例分析

洪七是一个做摊贩出身的人,没有什么太高的文化,对他根据市场反馈逐渐抛弃传统制作工艺的做法不做评价,但对他某些游走于法律边缘的做法要坚决反对。通过这些经营手段看底层的创业方法论,可以发现,在特定的市场环境当中,他确实找到了适应市场的经营方式和生存之道。他这种适应性调整、市场检验并且分析总结的做法恰好吻合了精益创业中的BML循环理念。这个迭代过程是当前非常热门的精益创业理念,一言以蔽之,精益创业就是用创业者的三种动作推动产品的三种不同形态形成的迭代循环,这三种动作首尾相连就是BML循环,如图3.3所示。

想法 构建 产品 测量 数据 学习

Idea ⟶ Build ⟶ Product ⟶ Measure ⟶ Data ⟶ Learn

图3.3 BML循环

在整个经营过程中,洪七共进行了五次BML迭代,如图3.4所示。

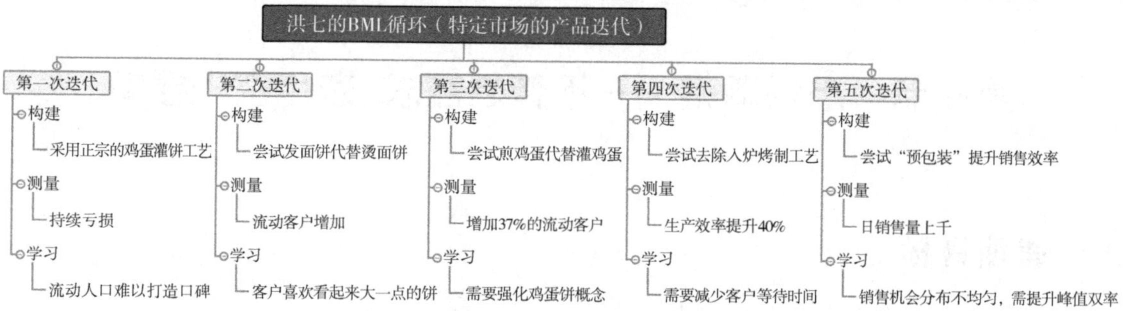

图 3.4　五次 BML 迭代

可以发现，洪七的每一次迭代都是源于一个未经证实的想法（Idea），他在采用之前并不清楚使用这种方法是否能够提升自身经营绩效，所以需要将其构建（Build）为自己的一个新产品（Product），并在产品推向市场后尽可能地进行成效测量（Measure），得出可量化的数据（Data）后进行分析和学习（Learn），根据迭代前后的业绩差别来判断此次迭代是否收到了预期成效，并决定是否保留此次迭代。洪七通过持续地执行 BML 迭代循环更加了解车站周边小餐饮市场，并且收到了其预期的业绩增长。当然，这种市场也不是一成不变的，旅客在经历了多次“一锤子买卖”后，自身消费者权益得不到保障，其中一部分旅客必然会开始寻求新的服务提供方，客户消费行为的变化将进一步推动市场和行业的变化。当然，如果洪七能够顺应市场的变化并且持续进行迭代，其业绩增长仍然值得期待！

习题：

结合前面的案例分析，试想：

1. 经历了前面的故事后，车站周边小餐饮市场可能发生什么变化？
2. 洪七应该如何持续推动自身 BML 迭代循环以适应市场变化？
3. 洪七的竞争对手为了维持自身经营绩效，应当采取什么策略？
4. 将你自身的创业项目绘制在如图 3.5 所示的 BML 循环当中。

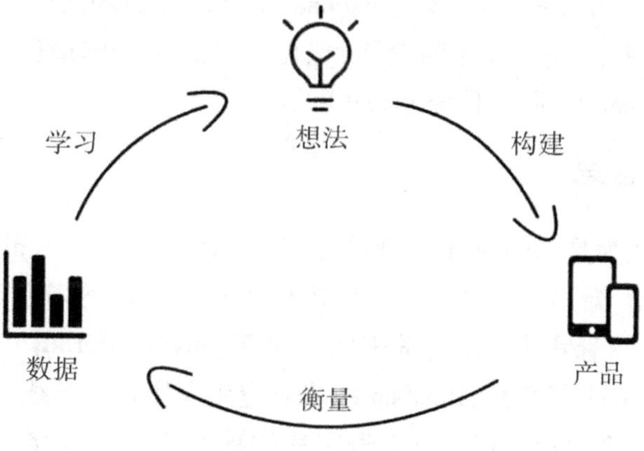

图 3.5　BML 循环

第三节　市场洞察——不臆想需求,避免空中楼阁

一、推演目标

通过多种方法进行用户调研,抓住消费者“痛点”。

二、案例背景

Snapchat 是一款“阅后即焚”的照片分享 APP,它的创始人叫埃文·斯皮格尔(Evan Spiegel),是美国斯坦福大学的学生。运用这款 APP,用户可以拍照、录视频等,并将这些照片和视频发送至自己在 Snapchat 上的好友。

这些照片有 1~10 秒的生命期,因此这些照片及视频被称为“快照”(Snaps),用户可以将拍好的照片发送给好友,并设置销毁时间,这些照片会根据用户的预期按时自动销毁。在此期间,如果好友试图截图保存,用户也将会得到通知。

三、案例呈现

到 2011 年,社交工具风靡,Instagram、Facebook、Twitter 等应用程序几乎已经完全主导了美国的社交媒体领域,一款全新的社交应用很难有生存空间。对于当时在斯坦福大学学习产品设计的斯皮格尔来说,主流的社交方式缺乏让朋友们进行私密交流的空间。虽然 Facebook、Twitter 等提供了一个前所未有的社交平台,用户可以用来分享和联系,但在这些平台上交流,缺乏了现实生活中互动的亲密感。Snapchat 的产品创意随之诞生。

自 2011 年诞生以来,Snapchat 不断发展,现在已经成了全球最受欢迎的社交平台之一。为了更好地理解 Snapchat,回顾一下 Snapchat 的诞生历程。

(一) 捕捉真实世界

尽管斯皮格尔被认为是 Snapchat 的创造者,但实际上是雷吉·布朗(Reggie Brown),斯皮格尔在斯坦福的同学,最早提出了创意。斯皮格尔有着丰富的商业经验,布朗带着自己的创意找到了斯皮格尔,并请另外一位同学鲍比·墨菲(Bobby Murphy)写程序原型,并将这款应用命名为 Picaboo。2011 年 7 月,Picaboo 在苹果应用商店正式上线。

布朗最初是想做一个用户可以相互发送照片的社交应用,一段时间后照片会自动删除。这在当时是一个颠覆性的概念,将线上社交的方式又回归到现实生活中。应用社交软件相互交流的信息会永久保存在社交软件上,但 Picaboo 的“阅后即焚”则模拟了我们线下真实的

社交体验，即对话不会被永久保存，随着时间的推移，会逐渐消逝。

此外，Picaboo 模拟了现实生活中的另外一个场景——初高中学生在课堂上传纸条。初高中的课堂上，学生为了避开老师的视线，会在私下偷偷传纸条。Picaboo 将这种大家都熟悉的行为作为核心体验，吸引了年轻的目标用户群，同时还不会留下传纸条的痕迹，用户使用起来易上手，推动了这款社交软件早期在初高中学生群体中迅速传播。

由于 Picaboo 这个名称已经被一家出版印刷图片的公司注册，于是更名为 Snapchat。早期 Snapchat 允许用户使用手机自带的截屏功能，违背了其"阅后即焚"的宗旨。后期引入了一项新功能——信息接收者截图时会通知信息发送者。

Snapchat 虽然新颖又有潜力，但早期用户增长量依然很缓慢。由于缺乏资金，没有营销费用，Snapchat 第一年用户量的增长主要是依靠用户的口碑传播，依靠美国南加州高中生之间的口碑传播。

2012 年，随着智能手机在年轻用户群体中的普及，促进了 Snapchat 的迅猛增长。尽管刚开始 Snapchat 的用户基数比较小，但是用户黏性却非常高，许多人的热衷程度甚至高过 Facebook。由于"阅后即焚"的功能，用户发送的信息越来越多，投入时间也越来越长。

一方面，Snapchat 模仿了学生们在课堂上秘密传递小纸条的传统行为。这个例子很好地说明，即使在社交这样竞争激烈的市场里，依靠信息技术回归现实生活中的行为，也能走出一条差异化的社交媒体道路。

另一方面，Snapchat"阅后即焚"的功能，减少了人们在网上发布动态时的担忧。因为知道自己发的东西很快就会永远消失，Snapchat 用户更有欲望分享贴近真实自我的动态。

这两个因素改变了数百万年轻人看待与使用社交媒体的方式，并帮助 Snapchat 实现了惊人的增长。2013 年初，Snapchat 就发展成为社交领域的"红人"。

（二）产品不断迭代

2014 年 5 月，Snapchat 推出了一个重大更新——Chat。用户可以在消息栏里向右滑动联系人的名字，直接打开一个私人聊天窗。当结束对话时，所有信息都会消失。

2014 年 6 月，推出 OurStory 功能，允许用户在直播活动的公开信息中发布照片和视频。

2014 年 7 月，推出 Geofilters 功能，基于地理位置的滤镜功能。用户身处特定位置时才能使用特定滤镜。

……

用户的好奇心不断被激发出来，一旦玩起来，就产生了黏性。Snapchat 现在每天照片和视频传送量约 4 亿次，差不多是 Facebook 和 Instagram 每天上传照片量的总和。Snapchat 带动了一个新的分支行业，"阅后即焚"的照片社交平台。Snapchat 的三条业务线如图 3.6 所示。

相机功能　　通信&社交　　内容

图 3.6　Snapchat 的三条业务线

四、案例分析

Snapchat 早期用户是美国的高中生，其使用高峰期为上午 10 点至下午 3 点，这个时间段正好是美国的高中生上课的时间。美国一些高中禁止学生在上课期间使用 Facebook，Snapchat 瞅准时机，迅速风靡。学生们可以在课堂上愉快地互相发送照片，而且不会留下证据，也不会被老师和家长发现。基于对用户的洞察，Snapchat 满足了用户上课传纸条、又不会留下痕迹的需求。如图 3.7 所示。

用户洞察 User Insight： 学生存在上课期间互相传递“小纸条”的潜在需求

来源 Source：

校园中进行调研，发现学生在紧张的课堂学习中，通过传递“小纸条”进行减压，并获得一种“反权威”的心理满足感

用户洞察 User Insight： 传统的社交软件无法使用

来源 Source：

美国的一些高中通过校园网技术手段，禁用了上课时段Facebook等软件的使用

用户洞察 User Insight： 学生们对于隐私比较关注

来源 Source：

学生们希望能够传递小纸条，又不希望留下任何证据

用户洞察 User Insight： 女性对隐私聊天更有需求

来源 Source：

女性喜欢自拍，但是不喜欢照片流传出去之后被评头论足的感觉

图 3.7　Snapchat 用户洞察分析

Snapchat 另外一个需求群体就是女性，大约占用户总人数的 70%。一个重要的原因是女性爱自拍，Snapchat 的出现，明显降低了女性自拍以后上传到社交网络的心理压力，因为照片不会被人反反复复地观看，更不会被大家品头论足。

Snapchat 早期的快速成功和极受欢迎归功于巧妙地利用了年轻人熟悉的、既有的行为方式——在课堂上传小纸条做交流。Snapchat 运用数字化的体验将其重新包装，吸引年轻用户。Snapchat 专注在这种既有行为上，并把它变得操作简单，用户可以直观的理解如何使用。同样的，通过这种数字化的体验还模拟了人们在现实生活中的交流。

习题：

1. Snapchat 对市场的洞察表现在哪几个方面？

第四节 用户画像——不乱枪打鸟，精准定位目标客户群体

一、推演目标

根据所处环境、核心目标、需要解决的问题、公共关系等聚焦用户群体。

二、动感蚂蚁自助健身仓用户画像案例

（一）案例背景

夏天来临之际，大多数人的内心总会萌生出几次进入健身房的冲动。一提到健身房，很多消费者的感觉就是“一排排的跑步机，一排排的教练”“昂贵的健身卡”“一时兴起办了健身卡，几乎没去过几次，太浪费了”“总是有人追着办卡”……办卡，似乎成了所有健身机构的准入门槛，而消费者最终总是因为时间和价格的原因与健身房的一切运动无缘。

（二）案例呈现

在郑州出现了一家醒目的健身房，橙黄色的 LOGO、工业风的装修、最多容纳 18 个人的场地、没有五花八门的器械、24 小时营业、还不需要办卡，它就是 ROCKANT 动感蚂蚁自助健身仓。

用户可以通过微信公众号客户端进行服务选择、预约与付费（可储值），不设年卡，按次消费线上预约与支付，闲时（23：00–次日 17：00）8 元/小时，忙时（17：00–23：00）16 元/小时，预约付费成功可以获取入场门禁二维码，凭二维码进入场地练习。还有线下服务与反馈的互动方式，消费者可以深刻感受到时代与科技带给大家的消费乐趣与便捷。动感蚂蚁自助

健身仓参与流程如图 3.8 所示。

图 3.8 动感蚂蚁自助健身仓参与流程

(三) 案例分析

随着生活节奏的加快,为了改善健康状况,运动健身已经成为很多人生活中的一部分,但是目前市面上大多数健身房存在的问题包括:卡费昂贵、长期卡浪费、销售顾问致力于推销等。

动感蚂蚁自助健身仓则根据消费者最核心的需求,推出了颠覆性的健身消费模式:不办年卡、不设推销、按次消费、持续改善,把互联网思维和健身相结合,开创了更具时代感的“互联网+健身”模式。通过动感蚂蚁自助健身仓我们看到了未来的健身在云端。依托强大的互联网运营平台,动感蚂蚁摒弃了线下所有的营销、支付、沟通与销售环节,针对用户需求,聚焦到健身这一核心诉求点上。动感蚂蚁自助健身仓用户画像如图 3.9 所示。

动感蚂蚁团队针对人们日常的生活习惯、阅读习惯、健身习惯和支付习惯深度挖掘与开发微信公众号平台,研发了智能云端健身全功能平台,完全贴合时代人群对于更便捷健身生活的诉求。

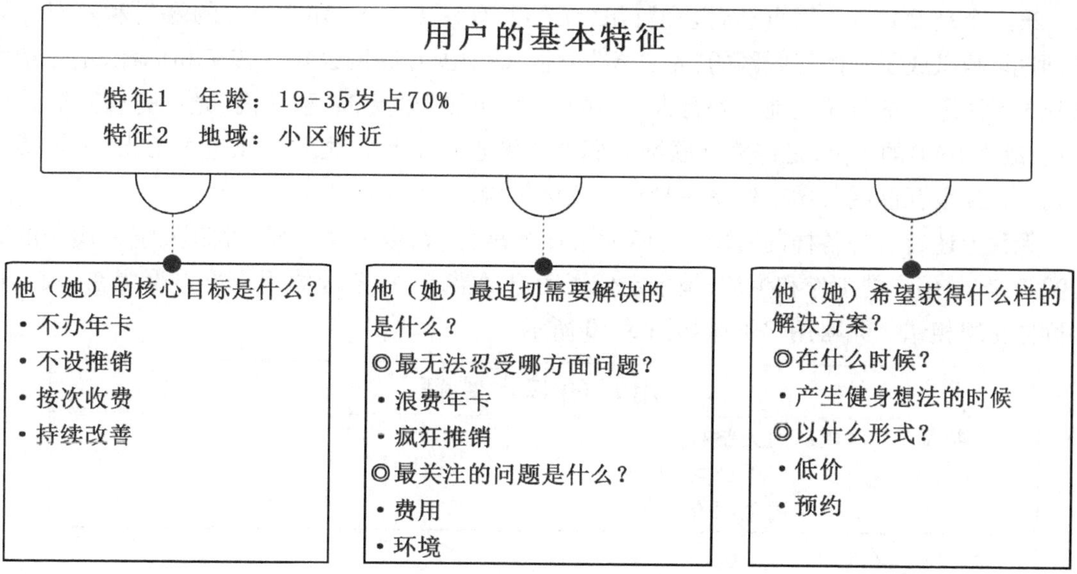

图3.9　动感蚂蚁自助健身仓用户画像

三、无秘用户画像案例

（一）案例呈现

无秘是一款匿名交友的应用程序，可以和朋友们倾诉平时不能说的秘密、八卦、爆料等内容；可以找到自己的圈子，发现志同道合的朋友；还可以通过私信交友和朋友或附近的人一对一交流，使用阅后即焚功能，更加保密，确保自己信息安全。在这里，每个人都戴了面具，匿名交流，别人不知道你是谁，却又彼此真诚地倾诉。

（二）案例分析

无秘曾经在一天之内就引爆了整个互联网，高峰期时一天的用户增长量将近几十万，成了移动互联网中的“树洞”。无秘对用户进行了深度的分析，根据不同用户的特征，深度挖掘每一类用户的需求，形成各类用户交流的“小圈子”。

它第一个引爆了互联网圈，因为互联网用户爱爆料，有强烈的好奇心捕获真相，还会在快节奏下去探寻一些悬念。互联网的节奏就是快和追风口，慢下来就很容易被同行赶超，用最短的时间去做最多的事情。

第二个是同性恋圈，其活跃度远远超过了互联网圈。同性恋群体被大多数人视为一个特殊的群体，由于目前不能被所有人接受，所以很多人不能直接表达自己的观点，只能将感受隐藏在心中。无秘的出现，给了同性恋者一个自由的空间，可以发表自己的观点，有严格的隐私保护，不会被朋友们发现，还能找到志同道合的群体。

第三个是BAT——百度、阿里和腾讯,无秘上有许多关于BAT内部的爆料和八卦。百度、阿里、腾讯成了中国互联网的“常青藤”企业,是中国互联网公司的传奇和标杆,也是绝大部分人无法迈入的神秘之地。外行人给BAT人贴上了“学历高、薪资高、光环亮、易跳槽”的标签,成为BAT的一员,是许多互联网人职业生涯追逐的目标之一。没进去的人,也想要一探究竟在顶级互联网公司工作是一种什么样的体验。

无秘上还有各种各样的“圈子”:四大会计师事务所,以清华大学、北京大学为代表的高校圈等,基于用户的工作和生活,精准定位了用户的需求,将关键的用户群体聚焦在一起,这些群体交织相错。无秘用户画像如图3.10所示。

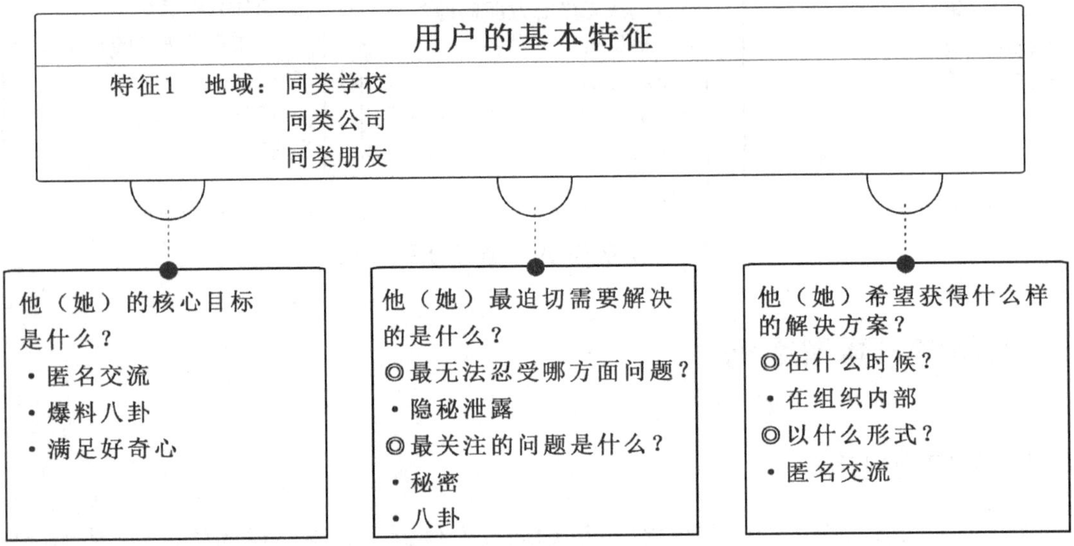

图3.10　无秘用户画像

四、得到用户画像案例

得到,是一款提供最省时间的高效知识服务类产品,由罗辑思维团队出品,提倡碎片化学习,利用晨起、睡前等碎片时间,让用户在短时间内获得有效的知识。其内容涉及职场技能、人文社科、经济学、生命科学、家庭亲子等。

(一)案例呈现

25岁的小张刚刚毕业一年,在公司做文案策划工作,早上8:30上班,下午18:30下班。第一年工作下班后各种约朋友聚会,感觉每天过的非常充实,也非常开心。

第二年,聚会时小张发现朋友们和老外对答如流;朋友们的视野越来越开阔,等等,于是变得很焦虑。时代变化太快,担心自己的知识不够用,别人懂的知识自己不懂,怕落后大家太多;未来充满了不确定性,怕被社会淘汰。

小张存在的问题是社会上很多人的共性问题:知识焦虑。对新的知识、新的信息和新的认知快速迭代始终有一种匮乏感，因为担心自己知识匮乏而落后于社会和他人，从而产生的一种恐惧心理，希望在短时间内掌握某项技能。

不知道怎么选择，它来帮你选；不知道重点在哪里，它来帮你找。“得到”应运而生，为消费者提供独家、不断更新的优质内容，让消费者在碎片化的短时间内获得有效的知识。

（二）案例分析

对于未知的事物，人们总是充满好奇，正是因为这种对未知的渴望，才促进了科技的不断进步，推动了社会的快速发展。伴随着科技发展而来的是不断细化的社会分工和学科分类。尤其是在互联网时代，只要是你想学的知识，都可以在网上找到。然而，面对浩瀚如海的知识，认识到自己的学识非常渺小，又做不到知识的吸收和产出同步发生，从而给自己造成了极大的心理压力，容易产生知识焦虑症。这部分产生知识焦虑的群体，就是“得到”的用户。

通过用户画像的方法，调查用户所处的环境、核心目标、需要解决的问题、关注的问题、公共关系及希望获得的解决方案这六点，得到的用户基本特征包括：大家时间不够用，只拥有碎片化时间，但是探求真知，渴望获得更多的知识，关注自我提升，害怕落后于人，愿意花高价格获得优质的服务。得到用户画像如图 3.11 所示。

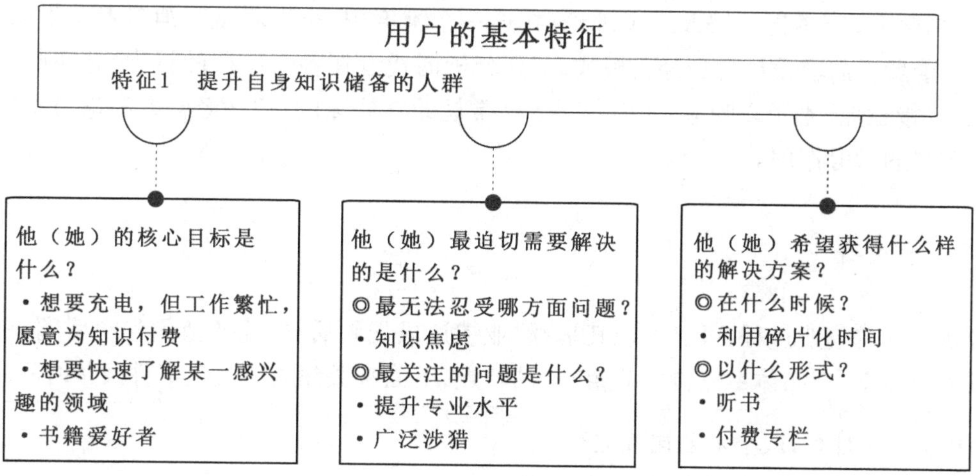

图 3.11　得到用户画像

习题：

1. 健身房下一阶段发展中应当采取什么策略？
2. 你会成为无秘的用户吗？为什么？
3. 得到的用户定位是否清晰？

第五节　客户体验——基于消费者行为分析设计经营模式

一、推演目标

学会以客户需求为中心,以客户行为为导向,以消费者行为设计业务接触点。

二、案例背景

北京小米科技有限责任公司成立于 2010 年 3 月 3 日,并于 2018 年 7 月 9 日完成港股上市,是一家专注于高端智能手机研发的移动互联网公司,同时也是一家涉足智能硬件、互联网电视以及智能家居生态链建设的创新型科技企业。在小米的创业过程中打破了若干世界纪录,曾用五年完成公司创立到年收入过百亿元,旗下多款产品销量也都位居世界首位。其创始人雷军在 2011 年小米 1 发布的时候,曾自豪地宣传小米首创互联网手机模式,并提出硬件、互联网服务、新零售的铁人三项理论,在这三个维度中,小米着眼于消费者全生命周期、始终基于消费者需求设计自身经营模式,认真分析消费者在各个阶段的行为,并在此基础上主动设计“接触点”来予以呼应,从而获得了超常规的发展速度,这些经营方法论对于创业企业具有较强的参考作用。

三、案例呈现

复盘小米的创业过程,可以发现其呈现“业绩达成先硬后软、业务范围先窄后宽、销售渠道先线上后线下,产品体系先自主后生态”的特点,下面来关注以下关键事件及其时间顺序:

2010 年 4 月 6 日,小米公司成立;

2010 年 4 月 6 日,MIUI 开发组正式成立;

2010 年 8 月,小米以内测版的形式推出了 MIUIV1,并找到 100 位资深手机发烧友深度体验 MIUIV1,根据他们的反馈和建议进行调整;

2011 年初,小米推出 MIUIV2,该版本增加了很多桌面插件;

2011 年 3 月,MIUIV3 面世,这个版本的 MIUI 是具有里程碑意义的;

2011 年 8 月,MIUIV3 被正式用在小米手机一代中,小米“软件+硬件”形式产生;

2011 年 8 月,小米社区正式上线;

2012 年 6 月,小米商城上线,实现 7×24 小时开放购买,并完善售后服务渠道;

2013年9月，小米电视和小米手机3正式发布。手机业务初具规模，小米生态链团队成立；

2014年10月，米家商城上线，并内置在小米智能家庭里；

2016年，小米之家成立；

2017年4月，米家有品APP正式上线；

2018年11月，京东与小米有品签署战略合作协议，从精选产品入驻、第三方品牌孵化、商品反向定制、物流等多个方面展开深度合作。

整体看来，小米的发展经历了以下三个阶段。

（一）口碑积累阶段

2011年8月之前小米手机硬件尚未面世，此时小米处于净投入状态，MIUI开发小组通过手机操作系统“快速迭代”的方法切入，邀请100位手机发烧友作为参与者加入吐槽行列，从产品角度来说找到了调整和完善的方向。另外，又将他们作为种子用户，通过口碑和互联网逐渐扩大范围，让更多的人参与到小米中。借此小米公司在成立初期就迅速积累到了50万粉丝，并依靠这些粉丝构成了小米手机事业最初的基石，在小米第一次推出手机产品时即在5分钟内售完全部30万台手机，MIUI所带来的粉丝效应功不可没。

（二）核心业务确立阶段

2011年到2013年间是小米手机业务确立市场地位的关键三年，也是其业绩迅猛攀升的三年。期间小米不断刷新最短时间手机售罄纪录，最快甚至达到不足两分钟即售罄的惊人销售纪录，奠定了其在手机硬件领域的强势江湖地位。在销售渠道构建方面大力建设网上商城，将电子商务平台作为其新零售战略的重要一环，实现7×24小时开放购买。在资本方面完成新一轮2.16亿美元融资，此轮融资后小米公司估值达到40亿美元，充沛资本的注入使其获得足够的发展动能。

（三）生态体系构建阶段

2013年之后小米进入生态体系构建阶段，小米依托其手机硬件构筑的庞大产业架构，并辅以投资基金构建了强大的小米生态体系，并通过其着力打造的新零售版图充分发挥生态体系的潜力，在小米平衡车、小米耳机、小米充电宝等几个品类都做到了销量全球第一的水平。小米采用的策略是将生态体系中的产品经由新零售体系（包含了线上线下的小米商城、全网电商、小米之家、有品商城等）进行三级过滤，有品上销量好的过滤到小米商城，小米商城上销量好的过滤到线下的小米之家，如此，等商品到达小米之家时，实际上是经过了双重的爆款验证，可以确保生态体系产品的销售预期。

四、案例分析

如何让消费者获得完美的用户体验，并借此获取更多的销售量、更高的复购率和更大的客单价？这都需要通过提升对消费者需求的精准分析和对消费者行为的准确判断，并通过主动设置的接触点来连接消费者与服务端来实现：第一步反复研究客户，提炼出明确的客户需求点；第二步分析消费者为了达成相关的需求会采取何种动作；第三步设置合适的接触点（可以是线上的基础或者线下实体发生的接触，核心是如何能够更好地接触目标消费者）；第四步在设定的接触点中，企业应当怎样提升消费者体验，满足销售者需求？观察一下图 3.12，分析小米是如何在实践中践行这四步法则的。

STEPS 步骤	users 消费者		service provision 提供服务方	
	消费者需求 NEED	消费者使用流程 ACTIVITY	接触点 TOUCH POINT	回答 ANSWERS
使用前 before use	更好的使用体验 更高的性价比	点赞/吐槽，希望自身需求/意见被采纳 各种途径搜集产品评价，尤重意见领袖	建设运营小米社区接受各种用户吐槽 寻找100位超级发烧友体验MIUI系统	根据发烧友及网友意见迭代产品 快速迭代并推出新的MIUI版本
使用中 Using	基本需求（通信、拍照、计时……） 附加需求（社交、内容、金融……）	使用手机基本功能 使用聚拢式或外链式应用	MIUI、拍照、日历、闹钟、记事本…… 应用商店、浏览器、直播、阅读、视频、音乐……	软硬一体化、应用分发平台搭建 各类互联网应用及内容付费平台
使用后 After use	其他产品消费需求（线上） 其他产品消费需求（线下）	线上购物 线下购物	小米有品、小米商城 小米之家	小米生态链体系及电商平台打造 小米线下新零售体系打造

图 3.12　雷军的手机生态帝国

可以看到，在消费者购买自家产品之前，小米就早已精准定位了"17～35 岁理工男"的精准客户群体和"追求超高性价比和使用体验"的核心诉求，并且关注到这些人群的行为，并且通过小米社区沉淀消费者对于手机的相关需求，最终通过快速迭代新操作系统版本，不断满足并超出用户预期的方式顺利圈粉。

在消费者使用手机系统过程中，小米观察到人们使用智能手机的重点并不在于通信功能，而是需要满足其附加需求后，巧妙借用了“软硬一体化”的商业模式，即将一系列软件植入硬件设备，或通过应用分发平台和其他外连式软件将用户流量导向自身互联网产品体系，进行流量变现和二次流量产生。

在充分获取用户在手机及相关互联网体系的价值之后，用户对于其他类型产品的需求即浮出水面，小米在强化其核心业务的同时，不断加强其“线上+线下”的新零售体系的建设，并且利用相关新零售体系完成小米生态系统的价值变现。

习题：

1. 研究消费者体验流程的目的是什么？
2. 从消费者体验的角度来看手机业务，小米与华为有什么不同？
3. 站在一个消费者的角度，你的手机品牌在体验角度还有哪些做得不够好的？你觉得应当如何改进？

第六节　商业模式画布——赚钱机器的运作原理

一、推演目标

运用商业模式画布掌握企业盈利逻辑。

二、推演框架介绍

商业模式画布是一种工具，帮助创业者催生创意、降低风险、确保创业者找对目标客户，合理解决问题。商业模式画布不仅能够提供灵活多变的方法，而且容易满足用户的需求。商业模式画布是一个框架，它将商业模式中的元素标准化，并强调元素间的相互作用。

以麦当劳为案例，从整体的角度了解一下商业模式的框架。

麦当劳（McDonald′s）是全球大型跨国连锁餐厅，于 1955 年在美国创立，目前在全球约有 3 万间分店，主要售卖汉堡、炸鸡、薯条、饮料等快餐食品。

每次看到麦当劳醒目的黄色“M”图标，络绎不绝进店的人群，会感觉到卖汉堡是个不错的生意。但是如果只是卖汉堡、炸鸡、薯条等快餐，麦当劳会发展到今天这么大的规模吗？

可以简单计算一下，想做一个口味好的汉堡，需要质量好的鸡肉、油、面包，还有足够好的配料，甚至十分钟没卖出去就必须扔掉，再加上人工、房租、水电等费用，一个汉堡获得的利润是及其有限的。麦当劳全球规模这么大,自然不会白做,那么麦当劳如何实现盈利呢?

麦当劳全球巨大的规模使得麦当劳在进行原材料采购时有足够的话语权,大大降低了采购成本,还深入改造供应链,获得优惠的采购价格。这样一来,麦当劳的利润率就获得了提升。但是这样的利润也不足以使麦当劳发展到今天这么巨大的规模。

汉堡、可乐、薯条并不是麦当劳的核心业务,可以说,麦当劳是一家房地产公司。一般情况下,麦当劳拥有加盟店房产的所有权或使用权,加盟店除要交特许经营费之外,还需要支付租金,这笔费用在利润来源里面所占比例很高。麦当劳有一个专业选址的团队,使得它在房地产方面获益颇丰。同时,麦当劳还依靠自身品牌的影响力,聚集了大量的人流量在附近的商圈,推动附近成为商业旺地,占据着全球最具商业价值的十字路口,直接提升了来自房地产的收益。另外,麦当劳也被称为全球最大的玩具经销商,每年所售出的玩具超过 15 亿个。

总体来看,可以大致看到麦当劳的商业模式,汉堡、可乐只是麦当劳整体收入的冰山一角,还有很多来自其他方面的收入。因此一个企业的发展需要构建商业模式,厘清构成商业模式的九大模块的内容,展示企业寻求利润的逻辑。而我们需要一种通用的语言直观地描述商业模式、可视化商业模式、评估商业模式,这种方法被称为是商业模式画布,如图 3.13 所示。

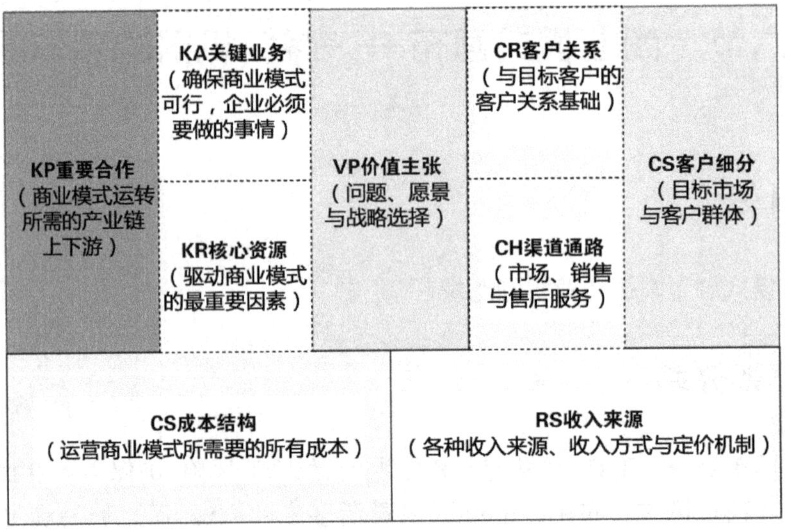

图 3.13　商业模式画布

商业模式画布涵盖了商业模式的九大模块,这九大模块由客户、产品或服务、基础设施及金融能力四个部分来构成。

整体介绍完之后,大家对于商业模式画布有了一个结构性的认识,但是对于商业模式画布每一块的内容并不是很清楚,无法在自身项目中做到推演,按照案例化教学学会工具使用的逻辑。通过分模块,以抖音为例,案例化介绍每一部分相关的内容。

三、客户细分——企业的服务对象

客户细分(customer segments,简称CS):描述了企业想要接触和服务的不同人群和组织。客户是一个企业商业模式的核心,没有客户,企业就无法存活。为更好地满足客户,企业应按照他们的需求和特征分类,把客户分成不同的群组。

CS——客户细分: (企业想要接触和服务的不同人群和组织) 抖音:喜欢用音乐表达自己的80~95后

以抖音为例,抖音的定位是“年轻人的音乐短视频社区”:

“年轻人”——年轻的用户,90%的用户年龄不超过35岁;

“音乐”——抽象的表达方式配上现代乐器的强节奏点,缓解生活和工作中的压力,成为现代年轻人表达自己的主要方式之一;

“短视频”——直观、休闲化、快节奏的视觉表达方式,与晦涩的文字和图片相比,更符合现代人快节奏的生活;

“社区”——互联网时代,通过手机与别人交流、分享、表达自己,将具有共同价值观的人聚合在一起。

总的来说,抖音的客户群体就是一群年轻人,这些年轻人以音乐为突破口,用短视频来表达自己,分享自己并让用户沉浸其中。

四、价值主张——企业创造的价值

价值主张(value proposition,简称VP):为特定的目标客户提供能为其创造价值的产品和服务。价值主张就是客户选择一家公司而不选另一家公司的原因,它解决了客户的需求问题,也就是一家企业为客户提供的利益的集合,例如创新、价格、性能、定制等都是有益于客户价值创造的因素。

VP——价值主张: (为特定的目标客户提供能为其创造价值的产品和服务) 抖音:基于用户行为大数据开展精准的内容分发

抖音的价值主张就是基于用户行为大数据开展精准的内容分发。网络信息庞杂,海量信息从四面八方涌入,为了解决信息发布量大与用户个性化需求之间的矛盾,个性化的信息推送方式成为发展趋势,用“算法”的方式进行推送,根据千人千面的特点,为不同的用户推送不同的信息,达到对用户持续吸引的目标。用户不需要点击,系统会自动根据用户的观看记录、浏览次数等习惯进行精准推荐。

五、渠道通路——传递价值的方式

渠道通路(channels,简称CH):如何通过沟通,接触其目标客户而传递价值主张。主要作用是提升公司产品和服务在客户中的认知,帮助客户评估公司价值主张,协助客户购买特定产品和服务,向客户传递价值主张,提供售后支持。

> CH——渠道通路:
> (如何通过沟通,接触其目标客户而传递价值主张)
> 抖音:明星,网红,专题活动等

邀请明星入驻,如岳云鹏、鹿晗、李小璐、杜海涛等;
邀请外部成名网红;
制作具有传播性的H5视频;
举办"抖音idou夜"长期活动,利用线下场景,与大咖battle。

六、客户关系——建立的关系类型

客户关系(customer relationships,简称CR):与特定目标客户群体建立的关系类型。个人助理、专用个人助理、自助服务、自动化服务、社区等是构建客户关系的几种类型。

> CR——客户关系:
> (与特定目标客户群体建立的关系类型)
> 抖音:通过抖音红人、素人改造、MCN机构等方式与用户加强联系

抖音用户分为两类人群:拍客和看客。

拍客拍摄属于自己的酷炫视频,吸引其他人观看,成为抖音红人。拍客主要为了获得用户关注,实现自我在精神方面和物质方面的追求。但是作为素人,拍摄视频时会出现内容生产能力不足、创意有限等劣势。这时,出现了MCN机构,提供内容策划、营销渠道、流量变现等服务,专业打造抖音红人。

看客关注自己喜欢的红人,并与他们互动,一方面可以打发无聊时间,另一方面也可以学习拍摄方法,自己去尝试拍摄。

七、收入来源——获取的现金收入

收入来源(revenue streams,简称RS):从每个客户群体获取的现金收入(需要从创收中扣除成本)。客户是商业模式的心脏,收入是商业模式的动脉。创造收入方式的来源有很多种:资产销售、使用费、会员费、租赁等。

RS——收入来源:
(从每个客户群体获取的现金收入)
抖音:开屏广告与信息流广告

抖音提供的官方广告模式分为两类:APP 开屏广告(硬广)和信息流广告(软广)。在 2019 年 3 月的抖音刊例价中,开屏广告(硬广)的花费每天大约是 20 多万元。信息流广告(软广)是大多数广告主选择的方式。

信息流广告(软广)是一条视频,内容和其他内容一样,由头条推送给用户。有用户总结发现,每浏览约 15 条视频,会收到一条广告推送。目前,抖音的信息流广告费用大概是每千人成本 200 多元。如果单条浏览量达 100 万人次,广告主需支付给抖音 20 多万元。

八、核心资源——企业运转的重要因素

核心资源(key resources,简称 KR):让商业模式运转所必需的最重要因素。这些因素使得企业得以创造并提供价值主张,获得市场。核心资源包括实体资产、知识资产、人力资源、金融资产。

KR——核心资源:
(让商业模式运转所必需的最重要因素)
抖音:基于用户习惯的推荐算法
音乐短视频平台

抖音运用今日头条强大的推荐算法,使用户能够获得个性化的视频推荐,给用户带来了更好的体验。抖音也将技术创新成果应用在产品上,如有特色的滤镜、特效、尬舞机、3D 染发、背景贴纸等众多吸引人的功能,这些功能有较高的技术门槛,其他公司在短时间内很难模仿、抄袭和复制。

另外,“C 哩 C 哩”“海草海草”“病变”“确认过眼神,我遇上对的人”等流行音乐和“记得你的病的那一年”“老公老公抱抱”等网络音频已经成了洗脑神曲,广泛传播,吸引了大批 KOL(关键意见领袖)入驻,形成了抖音的核心资源。

九、关键业务——采取的重要行动

关键业务(key activities,简称 KA):为了确保商业模式可行,企业必须做的重要事情。这些事情是一个企业想要成功运营必须要采取的重要行动。关键业务可以分为制造产品、问题解决方案、平台/网络。

KA——关键业务:
(为了确保商业模式可行,企业必须做的重要事情)
抖音:APP 平台的运营与维护

在将平台作为核心资源的商业模式中,与平台相关的活动就是企业必须要做的关键业务。抖音的商业模式要求企业必须不断地运营和维护这个 APP 平台。

十、重要合作——维持企业运转所需的伙伴

重要合作(key partnerships,简称 KP):让商业模式运转所需的供应商和合作伙伴的网络。通过合作能够优化商业模式,利用规模经济降低风险和不确定性,获得特定资源和业务。

KP——重要合作: (让商业模式运转所需的供应商和合作伙伴的网络) 抖音:MCN 机构、抖音红人、各大品牌商等

内部不断创造新的话题或发起一系列挑战活动,吸引用户积极参与,产生出更多有趣、易于传播的视频;并且发布视频教学,降低普通用户学习视频拍摄的门槛,转化普通用户,增强用户黏性。

外部积极与明星、网红合作,给抖音带来流量;与各大品牌商合作,提高产品曝光度,同时探索商业合作,给品牌带来更碎片化、更具视觉化的品牌内容输出;同时,与 MCN 机构合作,MCN 机构专业打造网红、生产内容,为抖音带来巨大流量。

十一、成本结构——运营企业的所有成本

成本结构(cost structure,简称 CS):运营一个商业模式所引发的所有成本。创造和传递价值主张,维护良好的客户关系,创造收益的过程都会发生成本。在确定了核心资源、关键业务和重要合作的情况下,成本会相对容易核算一些。

CS——成本结构: (运营一个商业模式所引发的所有成本) 抖音:前期研发成本、原材料的成本、人员工资、办公场地租金、宣传推广费用等

对于抖音而言,它的成本包含了研发费用、宣传推广的费用、人员工资、办公室及自建工厂的租金等一系列的成本。

以上九个模块就是商业模式画布的基础模块,像画师的画布一样,可以将新的或已有的商业模式在画布上描述出来。可通过抖音的商业模式画布,厘清商业模式的九大模块,同时学会运用商业模式画布。

习题:

1. 练习商业模式画布,描述滴滴出行的商业模式。

第四章

注册公司前的准备

第一节　创业政策——学习各类创业扶持政策的意义

一、创业政策对于初创企业的意义

近年来，随着我国“大众创业，万众创新”国家战略的不断推进，越来越多的大学生投入创新创业进程之中，虽然很多大学生开展了创新创业项目，但是大部分大学生以创业失败而结束了创业历程。究其原因，主要在于大学生在创办企业的过程中缺乏一些必要的经验和指导，同时对于一家初创企业来说，前期资金是保证企业顺利运行的重要条件，但往往也是导致初创企业失败的重要原因。

为了应对大学生创业成功率不高的问题，国家和各级地方政府纷纷出台创业政策对大学生初创企业进行帮扶。创业政策是由政府实施的以启发创业意愿为本质，以提高创业能力为目标，以创造创业条件为抓手，以促成创业成功为核心的相关政策措施。其意义在于通过创业者对于政策的所知、所懂、所用，以增强创业信心、减少创业阻碍、降低创业风险、促进创业成功。

在具体实施层面，创业政策分别从大学生的创业培训、创业咨询、资金扶持、经营补贴、担保贷款、税收优惠等贯穿大学生创业全生命周期的各个方面进行帮扶，出钱出力，帮助大学生创业成功。所以创业政策对于大学生成功创业具有十分重要的作用，大学生创业工作者必须要抓住创业有利政策，从而有效开展创新创业工作。

二、怎样才能享受到创业政策

只要符合国家和地方的大学生创业政策，都可以申请并获得创业帮扶。为了能更好地享受到创业政策，需要做好以下几点。

(一) 要认真学习政府有关创新创业的扶持政策

了解政府扶持的对象、有什么具体的规定,自己的企业是不是符合申请的条件,不够条件怎样创造条件,申请需要什么材料和程序,等等。

(二) 在规定时限内按照政策规定和要求提交申请材料

在了解了有关政策和企业的基本条件大致满足要求的情况下,就可以按照规定的程序提交申请材料,进入审核程序。在这个过程中,申请材料必须准备充分。

第二节　公司住所——独立办公还是入驻创业孵化载体

一、创业孵化载体的类型

创业孵化载体包括由政府主导建设的创新创业综合体;具有独立法人资格的企事业单位、社会团体、民办非企业单位运营管理的,以促进科技成果转化、培育战略性新兴产业源头企业、培养创业领军人才为宗旨的,单独创建或联合共建的科技企业孵化器、大学科技园、众创空间和星创天地。

(一) 创新创业综合体

创新创业综合体以下简称综合体,是指具有科技企业孵化、创业培育、创新研发、成果转化、科技服务、科技投融资服务、人才集聚和生活服务等多功能的孵化组合体。

(二) 科技企业孵化器

科技企业孵化器简称孵化器,是指经各级科技主管部门按照相应科技企业孵化器和管理办法认定的,以科技型创业企业为服务对象,提供研发、试制、经营的场地和共享设施,以及一系列创业培训、辅导、咨询服务,以降低创业风险和创业成本,促进企业健康快速成长的科技创业服务载体。

(三) 大学科技园

大学科技园是指以具有较强科研实力的大学为依托,将大学的综合智力资源优势与其他社会优势资源相结合,为高等学校科技成果转化、高新技术企业孵化、创新创业人才培养、产学研结合提供支撑的平台和服务的机构。

（四）众创空间

众创空间是指在各级科技部门备案，由独立机构运营，通过市场化运作、专业化服务和资本化途径构建的，满足不同创业者需求的工作空间、网络空间、社交空间和资源共享空间，是低成本、便利化、全要素、开放式的新型创业服务平台。

（五）星创天地

星创天地是指由独立法人机构运营，面向农业农村创新创业主体，通过市场化机制、专业化服务和资本化运作方式，聚集创新资源和创业要素，建设集科技示范、人才集聚、技术集成、成果转化、创业孵化、金融服务等于一体的创新创业综合服务平台。

无论是选择独立办公环境还是选择入驻创业孵化载体，企业都应充分考虑自身综合条件，在此基础上进行选择。以下通过一个案例对选择独立办公还是入驻创业孵化载体进行分析。

二、猪八戒网案例分析

（一）案例背景

猪八戒网是一个服务中小微型企业的人才共享平台，创办于 2006 年。为人才和雇主搭起双边市场，通过线上线下资源整合与大数据服务，实现人才与雇主精准无缝对接。服务交易类型涵盖品牌设计、文案策划、互联网营销、工业智造、生活服务等多个行业。

目前，猪八戒网有千万个服务商为企业、公共机构和个人提供定制化的解决方案，将创意、智慧、技能转化为商业价值和社会价值。猪八戒网曾经在国家级科技企业孵化器孵化。“毕业”后，它通过众包的方式服务创业企业和团队，在全国建立了 20 余家众创空间和孵化器。

（二）案例介绍

2006 年，重庆晚报首席记者朱明跃辞掉工作，在上清寺一个不足 50 平的简陋房间中创办了猪八戒网。

朱明跃发现，网上可以卖衣服和生活用品，那么设计、策划这些既不用物流，也无需库存的创意服务能不能也通过网站来交易？许多中小微企业和个人用户对于创意设计、文案策划、营销、工商财税等服务有需求，但专业机构数量少、要价高，并且服务于大型企业。同时，高手在民间，有才华的人大量存在，却无处施展自己的才华。能否建立一个网站，供他们各取所需？于是，猪八戒网——通过分享创意和技能赚钱的交易平台诞生了。

在淘宝上买商品，在猪八戒网上买服务。企业、用户在猪八戒网上发布需求，有专业技能的网友通过接单来提供服务，是一种新型的众包模式。最初的服务是 LOGO 设计，后来逐渐拓展到创意设计、营销推广、文案策划、互联网营销、工业智造等 600 多种服务。猪八戒网发展为中国最大的在线服务市场，聚集了千万以上的专业技能人才和机构。

现在,猪八戒网不仅仅是一个在线市场,更是超级孵化器。已有百万以上的专业机构在猪八戒网开店,百万以上的人在猪八戒网就业,超过十五万家公司从这个市场孵化出来。在猪八戒网的平台上,已孵化出年营业额过亿的企业。

目前,创业载体包含了加速器、创业咖啡、联合办公空间、创业社区、创客空间等孵化形态存在的孵化器,也包含专注于科技类初创企业孵化的老牌孵化器和“龙头企业+孵化器”的形式。创业者选择创业载体时要把更多的注意力放在孵化器能否为自己的项目提供足够的支持,以及孵化器所拥有的相关资源和自己项目的匹配度上来考虑。选择独立办公,还是选择入驻创业孵化载体,重点应在于资源的匹配度及企业成本。如表 4-1 所示。

表 4-1 独立办公和在创业载体里办公的优劣势对比

	独立办公	创业载体
优势	1. 有效保护内部隐私空间; 2. 良好的工作环境可以激发员工的创造力,增加企业效益; 3. 提高客户的舒适度,增加客户可信度与企业权威性; 4. 提高员工信赖程度,一定程度上具有吸引人才的作用; 5. 能够占据地理位置、交通环境上的优势	1. 节省办公成本,提供办公场地,根据当地政策对水电物业费及房租等进行不同程度的减免; 2. 有利于开展创业活动,拥有专业导师辅导; 3. 提供相应扶持政策,给予资金支持; 4. 对接中介服务机构,良好的创业氛围可以提高员工的创新力
劣势	1. 加重企业负担,需要花费较多资金,占用更多的时间; 2. 管理不当会导致员工沟通问题; 3. 利用不当会导致资源上的严重浪费; 4. 不利于培养员工对于企业内部软实力的认同度	1. 环境较差,交通也不方便,缺少专业贴心的物业服务; 2. 准入规则较多,环节繁杂; 3. 创业园准入和退出机制不明确,使用政策宣传不足; 4. 高校创业园管理体制不健全,创业项目以服务型项目为主,缺少技术含量、长久性和稳定性; 5. 在实际运营中没有整合地方政府和企业的赞助、支持,各级政府出台的创业配套政策缺乏系统性和针对性

第三节 事务工作——亲力亲为还是与服务机构合作

一、创业服务类型

创业孵化载体作为一种新型的社会经济组织,能够为创业者们提供研发、生产、经营的场地,通信、网络与办公等方面的共享设备,系统的创业培训和咨询,以及创业政策、融资、法律和市场推广等方面的支持,有效地降低创业企业的创业风险和创业成本及创业门槛,提高企业的成活率和成功率,加快企业的创业速度,活跃行业内的创新氛围。目前创业孵化器提供的服务包括以下几种。

(一) 基础设施服务

财税服务(代理记账和纳税筹划等)、法律事务、知识产权等。

(二) 行政服务

协助快速办理工商注册、税务登记等手续;协助申报项目、申请科技成果鉴定等。

(三) 中介服务

提供技术供需、资产评估、财务审计、法律咨询、股权交易、市场推介等服务,包括会计、税务、标准认证、企业运作、技术转移等。

(四) 融资服务

通过投融资平台和设立孵化器孵化资金或种子资金,帮助在孵企业融资。

(五) 人才培训

聘请创业导师,为入驻创业者们提供创业咨询、管理辅导、企业诊断等服务。

(六) 生活服务

提供餐饮、娱乐等服务。

二、创业服务的选择

初创企业由于资源的不匹配,在进行日常事务工作的选择时,面临亲力亲为及选择与第三方服务机构合作的问题。

对于企业来说,亲力亲为意味着要将有限的资源运用到更多的地方,对于初创型企业来说这样做可能会较为吃力,意味着企业需要将精力分散。但是企业选择亲力亲为能够了解创业的一系列流程。

选择与第三方服务机构合作,转移企业非核心业务,借助外部资源的优势来弥补和改善自己的弱势,将专业的财务、法律等工作交给专业的服务机构,提高自身企业的资源利用率。根据自身特点,专门从事某一领域,某一专门业务,将有限的精力集中于企业的核心业务上。

第四节 创业大赛——逢场作戏还是思维碰撞

2014 年李克强总理提出“大众创业,万众创新”号召之后,创业一直是全国关注的焦点,创业大赛更是开展得如火如荼。关于创业大赛,大家都非常关注,但是在认知方面,竟然有两种截然不同的声音。

一、创业大赛是“逢场作戏”

有一部分人认为,参加创业大赛,学生为了完成老师布置的任务,老师为了完成学校布置的任务,学校为了完成省里布置的任务。虽然提交的商业计划书数量很多,但是质量很差,都是“逢场作戏”而已。

张楠:大学里搞创业比赛,拿创业替代就业,就是想推卸就业指导和就业渠道建设的责任。有一段时间,我甚至怀疑学校忽悠学生们创业就是为了推卸责任和提高就业率。

李冉:我根本就不想创业,参加学校里的比赛,都是随意写写,粘贴一下。我觉得90%以上的商业计划书都拿不上台面,没有探讨的必要,50%的商业计划书可以直接扔进回收站。

刘恒恒:老师非要让交商业计划书,每个班都要交,我们班交不够还影响我评优秀班干部和奖学金,我想方设法地忽悠同学们每人都交一份,也是没办法。

马老师:上级部门要求我们每个院系必须交出规定量的商业计划书,要不然影响院里的KPI考核,也影响了老师们拿奖金。

朱老师:让学生们都参加创业比赛,万一其中有一个获奖的,我也能沾沾光,当当优秀指导教师,多一个学生参加,我就多一个机会。不过对于创业,我也不太清楚,只能随便指导指导。

二、创业大赛是思维碰撞

另一部分人认为,创业大赛给了创业者们一个展示自己和相互交流的平台。

李晶晶:撰写商业计划书,路演,参加创业比赛,这一路上我不断梳理自己的创业思路,不管以后我创不创业,我思考问题的逻辑都梳理得很清晰了。

刘野:参加比赛我认识了一群志同道合的伙伴和老师,我们一起成长,我还找到了合适的合伙人,现在每天叫醒我的不是闹钟,而是梦想。

汤涵:以前我不敢站在公众面前讲话,经过参加创业大赛的锻炼,我克服了恐惧,发现了未知的自己。

古希腊学者普罗塔戈(Plutarch)曾言:“学生的头脑不是用来填充知识的容器,而是一支需要被点燃的火把。”创业比赛就是点燃火把的“火种”,是激活学生创业的有效手段。

从如图4.1所示的创业搜索指数和图4.2的创业比赛需求图谱可以看出,很多人关注的焦点是创业项目,这也是创业的起点,一个好的idea在创业比赛中能激起很多人的共鸣,从而引起思维的"大爆炸",创新、革新,在很大程度上促进着人们的进步、社会的发展。

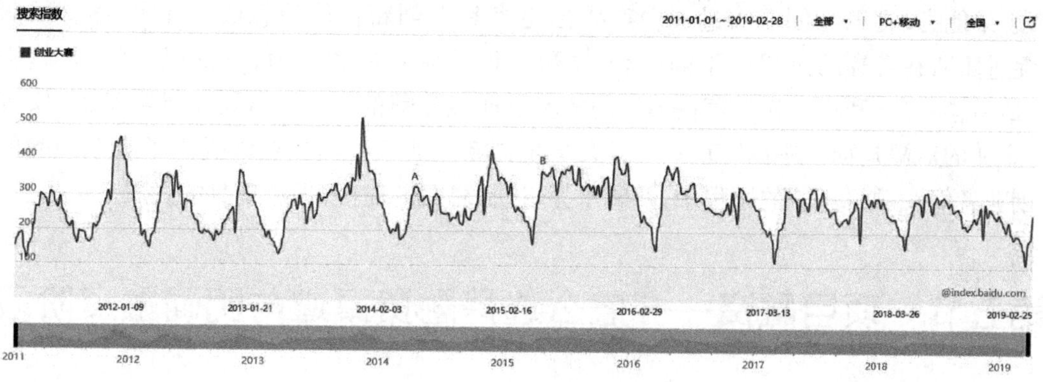

图 4.1　创业搜索指数

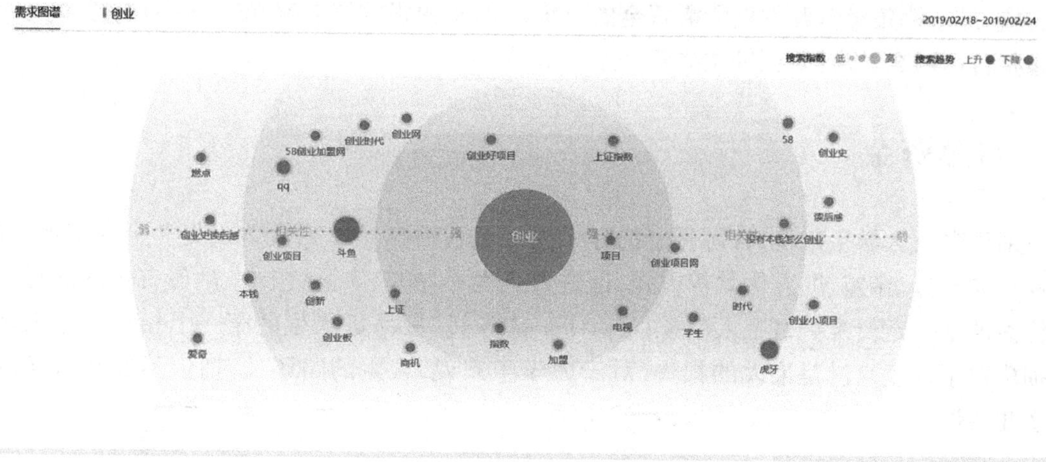

图 4.2　创业比赛需求图谱

创业比赛非常多,中国"互联网+"大学生创新创业大赛目前是全国级别最高、最具影响力的大学生赛事。自 2015 年创办以来,涌现出了一大批高科技、潜力大、社会效益好的项目。荔枝微课、罗三长的红糖馒头、Link Travel 等优秀创业项目如涌泉一样喷洒而出。

荔枝微课 APP,是第三届中国"互联网+"大学生创新创业大赛金奖得主,专注于链接人与知识的内容分享平台,倡导"与世界分享你的精彩",帮助用户以最高效便捷的方式获取、分享知识,励志成为"一所线上的社会大学"。其根据用户需求分析和对用户数据进行分析从而导出用户画像,对用户进行详细分类。其在"知识付费元年"正式上线后迅猛发展,在知识付费领域同类产品中强有力地占据一席之地。

罗三长的红糖馒头,同样获得第三届中国"互联网+"大学生创新创业大赛金奖,是一个接地气的创业项目。创始人罗三长制作红糖馒头时经历过百次失败,但并未气馁,并去台湾取经学习,最终制作出具有松软香甜独特口感的红糖馒头。参加比赛时店面扩张到 134 家,并带动 1312 个人就业,是一个有温度的"馒头"。罗三长将互联网产品思维和工匠精神运用到传统行业中,符合了民生需求,最终获得了比赛的成功。

中国“互联网+”大学生创新创业大赛的举办给社会带来了积极的影响:首先,培养学生创新思维能力,在思考创业的过程中产生出更多具有创新价值的想法。其次,培育团队精神,促进团队在参赛的过程中不断磨合。再次,磨炼顽强的意志力,尝试思考问题、解决问题。最后,在资金和经验先天存在不足的情况下通过比赛的平台获取更多外界资源,实现项目与企业的双赢局面。中国“互联网+”大学生创新创业大赛给创业者提供了吸取经验的平台,创业者们在项目竞争的过程中,开阔眼界,进行思想的碰撞,促进项目的发展。

第五节　项目融资——怎么选择融资渠道与明确融资阶段

创业融资是指创业企业自身项目发展的对于资金的实际需求,借助各种资金来源渠道和融资方式,筹集经营和发展所需资金的行为。创业融资的资金来源有很多种,最常见的一般包括自筹资金、银行贷款等主要资金来源等。

一、自筹资金

对于多数大学生来说,自筹资金的方式往往是利用自身勤工俭学或奖学金的积蓄,或者是通过向父母、亲戚、朋友借款等方式,这些方式无可厚非,实际往往也是最有效的途径。需要注意的是一定要维护好个人信誉,习近平同志说过“要系好人生的第一个扣子”,个人信誉的损失对于人生来讲是最大的损失,对于大学生来说,人生的路还长,切记不要在这样的问题上犯错误。

二、银行贷款

银行贷款是典型的债权融资的方式,其核心标志是银行的贷款不仅要归还本金,还要根据约定支付相应的利息。这里提到的银行主要指的是商业银行,而银行贷款则是其核心业务之一,需要注意的是银行贷款相对于自筹资金来说,一般手续相对烦琐、周期较长,而且一般需要有抵押物才能顺利放款。

(一)创业贷款

创业贷款是指具有一定生产经营能力或已经从事生产经营活动的个人,因创业或再创业提出资金需求申请,经银行认可有效担保后而发放的一种专项贷款。符合条件的借款人,根据个人的资源状况和偿还能力,最高可获得单笔50万元的贷款支持,前面讲过关于大学生创业政策,对于符合条件的大学生创业者,政府往往针对此类贷款还提供贴息等优惠政策。

（二）抵押贷款

对于需要创业的人来说，可以灵活地将个人消费贷款用于创业。抵押贷款金额一般不超过抵押物评估价的70%，贷款最高限额为30万元。如果创业需要购置沿街商业房，可以拟购房子作抵押，向银行申请商用房贷款，贷款金额一般不超过拟购商业用房评估价值的60%，贷款期限最长不超过10年。

（三）质押贷款

除存单可以质押外，以国库券、保险公司保单等凭证也可以轻松得到个人贷款。存单质押贷款可以贷存单金额的80%；国债质押贷款可贷国债面额的90%；保险公司推出的保单质押贷款的金额不超过保险单当时现金价值的80%。

（四）保证贷款

如果你没有存单、国债，也没有保单，但你的配偶或父母有一份较好的工作，有稳定的收入，这也是绝好的信贷资源。当前银行对高收入阶层情有独钟，律师、医生、公务员、事业单位员工以及金融行业人员均被列为信用贷款的优待对象，这些行业的从业人员只需找一至两个同事担保就可以在工商银行、建设银行等金融机构获得10万元左右的保证贷款，在准备好各种材料的情况下，当天即能获得批准，从而较快地获取创业资金。

（五）小额贷款

根据凡年龄在60岁以内、身体健康、诚实信用、具备一定劳动技能的下岗失业人员，自谋职业、自主创业或合伙经营与组织起来就业的，可以持劳动保障部门核发的再就业优惠证向商业银行或其分支机构申请小额担保贷款，创业者可以聘用下岗失业的人员，协商后，可凭再就业优惠证，申请办理失业贷款。每个人最高可以贷款两万元，且利息是当地银行贷款的最低利率。如果企业聘用10名下岗人员，则可享受最高为20万元的低利率贷款。

三、股权融资

股权融资是指企业的股东愿意让出部分企业所有权，通过企业增资扩股或者老股转让的形式引进新股东的融资方式。与银行贷款等债权融资方式不同的是，股权融资所获得的资金，企业无须还本付息，但新股东将与老股东同样分享企业的赢利，同时，根据《中华人民共和国公司法》对于股权的约定，创业者的决策权限可能会随着股份比例的稀释而相应地变小。股权融资一般是按照企业发展的阶段进行轮次划分。

（一）天使轮

天使轮是非常早期的融资阶段，这个阶段，创业公司可能还只是一个想法，没有形成产品,甚至连公司都没有注册。这个阶段获得的投资一般称为天使轮,融资的主要目的是提供支撑将自身产品做出来。当然,在这个阶段,因为创业项目可以给投资人展示的预期收益很不清晰,相应的融资成本较高,创始人要出让更多的股权才能获得投资,而且根据近年来的融资情况,天使轮中技术创新型的创业项目,因其有一定的技术壁垒,故较为容易获得投资人的青睐。

(二) A 轮

A 轮主要是证实企业商业模式的阶段。在这个阶段,公司的产品可能已经研发完成,但是企业可能还没有盈利能力,没能形成自发性的造血功能。这时候企业未来的经营风险还比较大,在这个阶段进行融资的对象主要是风险投资人(VC),由于已经可以向风险投资人展示自身产品,产品研发的不确定性已经消除,所以融资成本较天使轮低、融资金额较高,市场上关注 A 轮及之后轮次的风险投资人相对较多,融资渠道较宽广。

(三) B 轮

B 轮一般是在商业模式已经验证可行,需要在更大的范围内进行批量复制的阶段展开的。这个阶段的融资对象一般是风险投资人(VC)和私募基金(PE)。在这个阶段,公司一般已经积累了相应的运营数据,可以证实自身商业模式的可复制性和盈利能力,故更多需要通过财务数据和运营数据来说服投资人。

(四) C 轮

C 轮一般是较为成熟的企业,所以 C 轮之后的融资目标一般就是寻求上市(当然现在也有不少因为各种情况,在 C 轮之后继续多轮融资仍然没有完成上市的),这类公司运营模式已经较为成熟,自身造血能力较强,如果没有继续大范围复制的话往往已经具有较好的利润贡献。这时企业的融资金额一般较大,投资人以私募基金(PE)为主。

第五章 创业案例分析

案例一 阡陌农服——信息技术助力智慧农业发展

段向南,郑州大学2016届信息工程学院毕业生。目前担任郑州易酷航空科技有限公司总经理。走上创业之路,源于他一直以来的一个梦想。

向南从小就对飞机感兴趣。进入大学后,他几乎把所有的课余时间都投到对航模、无人机的研究之中,并在老师的指导和学校浓厚创新创业氛围的熏陶下,积极参加各类创新创业大赛,曾荣获“国际大学生iCAN物联网创新创业大赛”全国一等奖、“科研类全国航空航天模型公开赛军事目标打击”一等奖,获评郑州大学2015年度“创业之星”。

随着研究和实践的深入,他发觉无人机的应用背后蕴藏着巨大的市场。于是在大三那年,他正式决定放弃考研,投身创业,将未来发展方向定位在无人机的研发推广之上。2016年,向南和其他几个有着同样爱好和创业热情的小伙伴一起,注册成立了郑州易酷航空科技有限公司。和所有的初创团队一样,在创业初期,他们遇到诸多困难。最大的困难可以归为两个:一个是资金紧张,另一个是无运营经验。但幸运的是,他们赶上了创业的好时代,在国家“大众创业,万众创新”浪潮的推动下,地方政府和学校都纷纷出台了各类支持大学生创新创业的利好政策。学校大学生就业创业指导服务中心积极向他们宣讲省里和学校的创新创业扶持政策,并在场地入驻、导师指导、资金申请等方面多方协调、积极争取,对他们的创业实践进行了卓有成效的帮扶。

在学校大学生就业创业指导服务中心的帮助指导和团队成员的共同努力下,公司成立当年,郑州大学经过项目评估认为项目具备发展前景,同样也结合学校科技创新的扶持方向,决定给予创新创业扶持资金1万元,并协助向南团队争取到了河南省的大学生创新创业扶持资金7万元。对于初始资金只有10万元左右的他们,这笔钱无异于雪中送炭,大大缓解了初期资金紧张的问题,加快了创业的进程。除资金之外,他们也通过学校创业培训指导了解到公司初期运营的一些基本注意事项,避免了不少创业初期易犯的错误,少走了不少弯路。毕业后,在学校的帮助下,他们顺利入驻河南省国家大学生科技园,并以大学生创业的身份享受房租半价优惠。

2017年年初,经过半年多的研发,他们顺利推出国内首个双插拔设计的六旋翼无人机,一举打开市场,并打响了公司在行业内的知名度。无人机是一个技术驱动的产业,随着研究的深入,他们越来越发现仅以公司现有的力量很难快速突破关键技术,实现快速的发展,更不要说在同行当中保持竞争优势了。又是在这个关键当口,母校郑州大学给予了他们莫大的支持。在母校相关领导和智能机器人实验室负责老师的指导和帮助下,2018年4月10日,公司与郑州大学信息工程学院顺利举行产学研合作签约仪式,决定共建智能机器人实验室学生创新创业基地,开展深度合作。这一合作既丰富了学校学生创新创业实践的载体和平台,也为公司的技术研发注入了新的力量,为公司未来的发展提供了强大的后盾。

在学校老师的指导下,团队成员经过长时间对植保行业的摸索,向南和他的伙伴们很快确定了公司下一步发展的突破口:植保无人机与互联网和大数据的结合。植保无人机的发展,不仅需要一个线上的农服平台,更需要一个更加智能、更能减少作业成本且能提升作业效果的智慧农服,这也正是他们目前所推出的"阡陌农服"所正在做的事。"阡陌农服"是一个集成自主开发的高清地图系统、无人机地面站系统、农户飞手线上订单系统的一个智慧农服,不仅可以解决农户与飞手的订单问题,还可以通过与飞机的连接为飞手节省作业成本,并通过内置的监管系统保证农户的效果需求。对无人机的开发是易酷团队的传统强项,但如何与大数据以及互联网结合,在想法萌生之初可以说他们毫无经验。无人机与AI、大数据以及互联网的结合短时间是难以真正得到大规模应用,也意味着前期难以产生足够的利润来支撑这样的研发,但却是未来的主要方向。这个时候,与郑州大学实验室的合作优势得到了充分的体现:实验室更关注未来的技术走向,主要的任务是为未来提前做好技术基础;而公司可以更准确地与市场做对接,能更加真实地掌握市场未来所需的技术。这使双方的优势都得到了充分的发挥。

2018年8月,"阡陌农服"以及植保作业监管系统推出初样,并在山东济阳泰安进行14万亩的内测。在2019年年初,"阡陌农服"与植保机作业实时监管系统也正式进入市场,仅4、5两个月便参与小麦作业72万亩,跨越河南、山东、河北三个省份。而接下来的半年内,预计在东北、陕西、宁夏、新疆地区会参与300万亩的作业任务。而在未来,"阡陌农服"将会为无人收割机、无人耕种机等各类自动农机提供精准的地图数据,并为农户提供大数据分析服务。

截至目前,公司共拥有14项植保无人机相关专利,11名公司成员,共推出载重从6kg至22kg的四款植保无人机,其中包含国内首个双插拔设计的六旋翼植保无人机,并在河南、山东、河北、东北、陕西、宁夏、新疆等地区均有代理商覆盖,年销售额突破300万元。2019年年初,公司还推出了行业首家18650智能电池,将无人机的电池成本降低一半左右。

和向南的交流中他感慨道:回顾这三年创业历程,发现创业最需要的首先是不忘初心,最初的梦想永远是最大的驱动力。其次是如何利用好身边的资源。作为一名大学生,虽然经验是欠缺的,但身边能够获取的资源要比其他人多很多,充分利用好学校的品牌资源、技术资源、政策资源、人才资源,是能在区域同行中保持竞争优势的秘诀。创业一定不是一个人的单打独斗,而是倾尽所有努力、用上所有资源、依靠团队力量才有可能打赢的集体战斗。

案例二　派克斯——“信息技术+医疗”新模式

河南省派克斯医疗科技有限公司是一家初创的集医疗软件开发、推广、大数据挖掘为一体的高新技术企业，而派克斯医学影像会诊平台是派克斯医疗科技下的一个影像类的远程会诊平台。远程医疗是指通过远程医疗系统在医院之间开展的远程疾病诊断、远程查房、远程监护、远程手术示教、远程手术指导活动。远程医疗可以实现病历资料和优质医疗资源的跨区域、跨机构共享，能够减少患者赴外地就医造成的重复检查与长途奔波，方便群众就医，减轻政府和群众就医负担。

和教育资源不均衡的问题一样，当前我国的优质医疗资源的分布也是严重分布不均衡的，而这个不均衡又由于种种现实因素，很难在短期内得到根本意义上的解决，那么如何缓解基层群众看病难问题，远程医疗探索了一种同时解决政府、医疗工作者和患者几方问题的新型医疗服务模式。这种新型服务模式不但可以提高优质医疗资源的可及性，而且降低了医疗的直接成本和间接成本，让病人和医生交流变得更简单，长期运行还可以起到提高基层医务工作人员（乡村医生、社区医生、护士等）业务水平的孵化效果。

项目主要成员由河南大学毕业生组成。项目负责人陈森毕业于河南大学国际教育学院，拥有3年丰富的团队管理经验；产品经理肖亮毕业于河南大学经济学院，拥有3年丰富的项目实践经验，为公司项目管理提供有力支持；技术部经理王斌杰，河南大学淮河医院影像科医师，独立开发Radio PACS远程会诊系统；牛世林，毕业于河南大学计算机学院，对影像学有较深研究，同时参与开发公司产品，PACS远程会诊系统。

公司前身为河南大学校园学生公益组织，于2014年4月开展“远程会诊项目”。项目组租用服务器，开发简单的应用程序，在学校的支持和鼓励下，与河南大学第一附属医院与其友好互助医院开展了试点业务，积累了样板案例，对后续在医疗行业内部的发展起到了至关重要的作用。2015年4月，项目组随河南大学大学生就业与创业中心，参加“云台山杯——中美大学生创业大赛”，获得中方二等奖。同年7月，项目组在河南大学大学生创业与就业中心的指导和帮助下，入驻了河南大学创业孵化园，正式开启了创业之路。公司成立之初就将自身定位于研发和推广准确、高效的远程会诊系统、完善的医院信息化系统；建立规范、互利的医疗合作制度，为医院提供现代化、科学化、规范化的管理方式；积累医疗大数据与大数据挖掘技术，成为以医学大数据为支撑的医疗解决方案提供商。在业务发展上，基本也可以分为以下几个阶段。

公司成立初期，以公司基础搭建为主要任务。完成了软件著作权、专利、商标以及相关资质等证书的申请，人员招聘，建立财务制度，探索销售路径。

业务开展阶段内，将以河南省内医疗联合体为基础客户，以公司开发的Radio PACS远程会诊系统为医联体提供影像学远程会诊系统建设服务，推广4~6家河南省内医疗联合体。在系统服务建设周期内，同时招收扩建现有的技术团队，不断完善公司现有技术。

在医师资源与医疗数据积累到一定数量之后,公司将考虑开展公司第二个业务方向。2017 年年底,派克斯医学影像会诊平台成立。以在业务开展过程中吸纳的专家资源为公司专家诊断服务团队,为客户医院提供专业的远程影像诊断服务,提高客户医院诊断水平。同时可为客户医院提供专业的影像数据分析以及数字化解决方案。

平台设计采用 C/S 架构,C#语言开发,本地客户端通过 DICOMv3.0 协议与电子计算机断层扫描设备(CT)、磁共振设备(MR),数字化 X 光摄影设备(DR)等符合该协议的设备连接,直接读取设备产生的医学影像;客户端与服务器间过 TCP/IP 协议传输数据,达到与原始设备相同的查看效果。系统配套的影像查看器具有距离测量、定量测值、图像重建等完善的图像后处理功能,可达到比一般设备及 PACS 软件更便捷、直观的图像查看、处理效果。

项目的开展离不开资金的支持。而公司主要的资金来源有三个:成员自筹、政府补助和比赛奖金。公司在成立后先后参加首届全国大学生创业大赛取得全国三等奖;第二届全国大学生创业大赛全国三等奖;创行全国大学生创新创业大赛获全国第四名;科技部创新创业大赛二等奖。同时也申请了大学生创业扶持基金,累计 25 万元的补助。这些资金的进入,保证了他们在项目未赢利的时候,能够顺利地搭建机房,购买设备。

同时创业的过程中也离不开外部资源的支持。河南大学大学生创业与就业中心在项目发展的全过程,持续提供强大的支持和保障,从促成公司与河南大学各相关院系的技术探讨与合作,到给予大学生创业优惠政策的解读与倾斜,从聘请校外创业导师帮助公司设定发展规划,甚至到一些具体的业务资源的引荐。创业路上的未知和迷茫被创业培训导师们扫除,让大学生创业者可以专注在自己所擅长的领域发挥作用。

案例三　飞轮威尔——创业要有强执行力的团队

李威,黄河科技学院 2011 届毕业生,连续创业者,中国新锐科技创业风云人物。

23 岁创立"飞轮威尔"智慧出行。

25 岁把"飞轮威尔"打造成世界平衡车十大品牌,获得行业影响力人物,并成为行业年龄最小掌舵人。

26 岁代表中国创客被中央电视台《新闻联播》专访 3 分钟。

27 岁获得河南省首届大学生创新创业标兵,同年获得郑州市五四青年奖章。

28 岁带领团队 40 天淘宝众筹销售 1200 万元,打破阿里巴巴出行领域销售最高纪录,成为行业经典案例。

29 岁入选《2018 福布斯中国 30 位 30 岁以下精英榜》和《2018 胡润 30×30 创业领袖》榜单,成为消费科技类青年企业家的代表人物,同时也是智能个人移动出行领域的唯一上榜者。

李威这个名字,听起来会让人产生"威风""威武"的感觉,但是见到真人就会发现,他就像邻居家的大男孩儿一样,一身休闲装束,让人觉得他喜欢无拘无束的状态;一副黑框眼镜加上说话时的慢条斯理,有一种典型的技术宅男气息。但就是这样一个"邻家男孩",却有着非同一般的创业历程。从河南省人力资源和社会保障厅大众创业导师蒋华勤老师的辅导开始,飞轮威尔走上了快速发展的道路。

飞轮启动,从一只轮子开始

李威小时候就喜欢鼓捣些小机器、小发明,大学时本来学的是建筑工程技术,但他在大一下学期又选修了自动控制的专业课程。大二时,他抱着玩一玩的心态,创办了学生论坛,后来又瞄准大学生这个特殊市场组建了门户网站,为大学生和商家提供交流和展示的平台,并与学校周边商家推出联名让利卡,持卡会员可以在联盟商家打折消费。

李威说:“做网站啥的都是为了好玩,赚不到啥钱。所以我就想自己开发个产品,然后利用互联网平台做销售,这样才能把事业做大。”

2012 年 6 月的一天,李威从网站上看到一段视频,上面展示了一款双轮的平衡车,可用于交通代步、保安巡逻等场景。这款在当时堪称稀奇的产品一下子激起了李威的创造欲,使他之前想开发一个产品的想法又疯长起来。

李威压抑住内心的激动,上网查阅了许多相关的资料,并联系了深圳的一些朋友,让他们帮忙评估平衡车生产的难度。那边的反馈很快过来了:双轮平衡车价格非常高,动辄几万元;每辆车子重量在 50 千克左右。李威想:“如果能有一款既便宜又轻便的平衡车,市场前景一定不错。”怎么减轻重量呢?李威发现,当时的平衡车的重量主要集中在电机上,而电机与轮子是一体的,如果减少一个轮,体积和重量就会相应缩小和减轻。

当年 10 月,正在百度公司上班的李威选择了离职。他赶往深圳,决心和几个朋友一起把这个有 70%成功率的梦想变成现实,“飞轮威尔”团队正式组建。

在深圳一个租来的房间里,除了电脑就是仪器。李威和伙伴在这里架起电机空转,匹配算法,因为不能保证 100%成功,所以那段时间,李威忍受着漫长的煎熬。“每天都在进步,但前几个月进展都很小。”每天测试都需导入程序,有时几百次,有时甚至上千次,经常调试至半夜。李威说:“一个多月,每天都是 10 元一盒的烧鹅饭,都快吃吐了。”

2013 年 4 月,飞轮威尔电动独轮平衡车终于进入了测试阶段,李威几个人经常骑着车,不停地在路上进行测试跑圈,刚开始技术有偏差,大家免不了摔跟头。有时为了测试一块电池能跑多远,他们需要一直不停地跟着车子转圈,直到电耗完为止。这年的 10 月份,独轮平衡车的测试基本没有出过什么问题,李威决定进行小规模的生产。第一批独轮平衡车只生产了 80 台,单价定到 2499 元,结果一售而空。李威说:“能顺利售完,是因为我们在前期测试时,就不断在网络放出骑行的小视频,累积了很多意向客户。”

李威的飞轮威尔自平衡电动独轮车先后获得智能自平衡独轮车相关国家专利 10 余项。“F-WHEEL”电动独轮车于 2013 年 11 月走向市场,一个月内就收到国内和东南亚、欧洲等地的海量订单,产品还取得了欧盟 CE 国际认证。

起飞,多轮驱动靠创新

2014 年年初,“飞轮威尔”进一步扩大销售运营队伍,布局国内的经销商网络。李威按照一个城市一个独家代理的标准,迅速布局了 100 座城市。“飞轮威尔”也继续研发新产品,比如其中一款加入了拉杆功能,可自由伸缩。当年 4 月,李威专门针对独轮平衡车开发了一款

APP。“产品程序需不断优化升级,把程序放在服务器端,用户通过 APP 就能自己更新程序。”李威说,“APP 可用于检测如机器温度、电池电量以及行驶里程数等机器运行状况,更加方便用户使用。”

2014 年年底,“飞轮威尔”接受了德国 RTL 电视台的专访,并吸引了比利时、瑞士等多国的大客户。当年的销售额达到 2000 万元左右,其中国外销售额约 400 万元。2015 年 4 月,“飞轮威尔”又生产出双轮平衡车。“独轮车还需花精力去学,快的话也要 1 小时,而双轮易学性更强。”李威说。

2015 年 8 月,李威的母校黄河科技学院在郑州为其提供了一个位于省级科技园内的办公场地。随后,“飞轮威尔”获得 500 万元的 pre-A 轮投资。

新一轮融资之后,李威想开发一款更安全、更轻的四轮平衡车——“轻到可装进背包里”,这就是小 i 云车的研发初衷。李威认为,这可以满足一部分客户的定向需求。“不管是独轮还是双轮,学起来都有难度,这会让一部分客户放弃购买。”李威说,“之前便有了这个想法,只不过一时分不出那么多精力和资金去实现。”

2015 年 12 月 8 日,中央电视台《新闻联播》对李威和他的飞轮威尔电动平衡车进行了报道。报道一出来,全国各地纷纷打来电话谈合作,微信上求合作的人也不少,李威笑着说:“搞得跟过年似的。”12 月下旬,李威在发布会上公布小 i 云车的研发进展:“车子已经可以上路了,但是拐弯还不太顺畅,预计 1 至 2 个月就能调试好。”

2015 年 12 月 29 日,飞轮威尔公司在郑州发布全新概念的智能 mini 云汽车——小 i 云车(icarbot)。因为在发布前,这款车就在 12 月 8 日的中央电视台《新闻联播》露足了脸,当天到场的新闻媒体、商家等济济一堂,并在现场拿到 A 轮千万级投资。

2017 年 3 月推出的新品大鱼智行车 D1,一款单手可提、自带 GPS 定位、美观时尚的智能电动车,40 天的时间在淘宝众筹销售了 1200 万元,打破了淘宝众筹出行类目的最高纪录,这是飞轮威尔又一创新型新品获得市场认可。

李威及公司顺势还与新晋九球天后——女子台球世界冠军刘莎莎签署品牌代言,并在深圳举办了签约仪式。刘莎莎,河南兰考人,三获女子台球世锦赛冠军,创造了最小年龄获得世界冠军、从外围打入并获得世界冠军、第一次参加世锦就获得世界冠军三项世界纪录,2009 年被评为 CCTV 体坛风云人物年度最佳非奥项目运动员和北京市年度台球优秀球员,2010 年被选为第十六届亚洲运动会火炬手,同年荣获中华人民共和国体育运动荣誉奖章。李威说:“刘莎莎是台球界的一个传奇,飞轮威尔是出行行业的一匹黑马,刘莎莎的成长史跟飞轮威尔有很多相似的地方,希望飞轮威尔与刘莎莎携手共创出行行业的奇迹。”

李威的公司抓住机遇,进一步扩大了规模。他们在深圳投资兴建了厂房,又成立了深圳平衡力科技有限公司;同时,借国家创新创业和“一带一路”倡议的东风,在香港成立了平衡力科技(香港)有限公司,主营出口贸易。

李威说:“我认为创业者的春天已经到来,从国家到地方都在倡导大众创业、万众创新,各种支持性的政策相继出台。这就是机会,国家政策助力我们实现梦想,青年人更应该焕发出应有的激情和创造力。”

案例四 “e 智养老”——信息技术助力智慧养老

“e 智养老”是河南财政金融学院一群怀揣创业梦想、拥有爱国情怀、热衷社会公益的信息技术类、社会工作类专业的青年学子和志愿者自发组织，并由校就业指导中心一路扶持走出来的创业项目。

在我国人口老龄化严重的背景下，“e 智养老”抓住了政府积极构建多层次养老服务体系、大量养老扶持政策密集出台的时机，顺势推出的半公益性质的创业项目。项目融合了移动互联网、大数据、物联网等信息技术于养老产业，通过设计可穿戴式的挂件，搭建集成档案管理、健康管理、实时监控、实时定位等功能于一体的，包含用户端 APP、PC 管理端的智能养老服务平台。该项目以 B2G2C（企业-政府-个人）的模式架构运行，并以 O2O（线上-线下）模式专为“三无”老人、低收入老人、失独、失能老人提供无偿或低收费的实时定位、跌倒报警、在线聊天、精神慰藉等十二大养老服务。

“e 智养老”项目自 2016 年 6 月开始创业，由信息工程系的学生马国磊、张凯、蔡淑月、毕祖双、白汉森等牵头，联合金融学专业的黄至诚、社会工作专业的张子玥等人发起创业，创业至今，已获得校级、省级、国家级等多项奖励。截至目前，本项目取得的主要成绩如下：

2016 年“无极到杯”首届全国智能化适老用品设计大赛总决赛三等奖；

2017 年河南财政金融学院第八届“互联网+”大学生创新创业大赛一等奖；

2017 年河南省“互联网+”大学生创新创业大赛暨中国第三届“互联网+”大学生创新创业大赛河南赛区选拔赛二等奖；

获准 2018 年河南省高校国家级大学生创新创业训练计划项目（创业训练项目）立项。

在“e 智养老”项目创业过程中，团队的协调让人难忘。面对“90 后”“00 后”且大都是独生子女的一群创业者，刚开始合作时，面对繁重的研发工作和市场上未知的前景，相互指责、推诿扯皮、办事低效等现象时有发生。针对这种情况，就业指导中心老师们的经验、阅历、率先垂范和善意批评起到了极大的促进作用。因此，创业团队内成员之间的相互信任、相互包容、相互补台、相互谦让就显得尤为重要，须坚持以人为本的团队管理理念。只有这样，创业团队才能更好地通力协作、共谋发展。

“e 智养老”项目的 5 位创始人都是专科生，在平台总体架构设计、数据库系统设计、APP 设计、关键技术研发等方面，遇到了不少难题。这些技术难题的解决，对于体量小、人员少、资金短缺的创业者来说，不可能高薪聘请或委托第三方开发，用足、用好身边的技术力量，包括教师、同学和网络红客等资源显得尤为重要。

回想过去创业伊始的艰辛、初次参加研究项目的过程，从开始的创业项目到申请立项撰写项目申请书，到查阅相关文献资料，确定研究目的和寻找创新点，并制定详细的实施方案和步骤，无不渗透着全体创业者及就业中心老师们的辛勤汗水。自该项目先后被校级、省级、国家级大学生创业训练计划项目立项以来，该创业团队的全体成员和指导教师都对本项目投入了极大的热情。在指导老师的引领下,端正研究态度,积极调整与完善研究计划,在研究主题确定、研究问题落实、研究方法设计、调查问卷发放与收集、数据分析、调研报告撰写等主要环节上都投入了大量的时间、精力与热情,师生之间保持了良好的沟通,经常就相关问题进行深入的探讨。一步步走来,其中的辛苦和考验只有经历过的人才会明白其中的意义,其中的经验和成长也只有经历过的人才会分享和拥有。不管未来的路能走到哪里,这对于创业的大学生来说都是一次难得的创业经历,是一次让同学们在专业知识和创业技能等方面都得到锻炼和成长的难忘历程。

案例五　海尔向创业孵化平台的华丽转变

海尔集团发展的神话是20世纪中国出现的创业管理奇迹之一,也是代表当代中国制造业最有影响力的国际化品牌之一。据世界权威市场调查机构欧睿国际发布的全球大型家用电器调查数据,海尔大型家用电器2014年品牌零售量占全球市场的10.2%——这是海尔大型家电零售量第六次蝉联全球第一。同时,海尔冰箱、洗衣机、冷柜、酒柜的全球品牌零售量也分别蝉联全球第一。据国际权威的品牌价值评测机构Inter brand和Brand Z统计,2014年度海尔的品牌总价值高达1038亿元,位居家电行业之首。2015年销售额突破2000亿元,利润近100亿元,利润增长是销售收入增长的2倍以上。

1984年12月26日,张瑞敏调到该厂任厂长,当时该厂是亏损147万元的集体小厂,从制订13条制度起步,经过二十几年艰苦卓绝的奋斗,成长为一个国际知名的跨国企业集团,被世界家电协会及同行称为用20年的时间完成家电业100年的创业发展历程,居全球同行业企业增长速度之首。海尔品牌被联合国评为全球100个世界知名品牌之一,张瑞敏也因此登上过哈佛商学院和全球财富论坛等国内外经济管理顶级研讨会的讲台,交流展示海尔的创业管理经验。他带领团队坚持技术与质量高起点,打造海尔冰箱名牌;以市场为坐标导向,实行多元化的发展战略;走先难后易的市场路径,争创国际一流的海尔品牌;以人为本的人力资源管理,培养具有国际竞争力的人才;构建了员工收入由市场决定价值的分配体系,为员工发展搭建立体化人才培训平台,实现了目标管理与绩效管理的统一,当天的目标必须当天完成。他创新团队管理理念与机制,提出"人才斜坡球体理论""人才选拔赛马机制""OEC管理",销售网、虚网、物流网、服务网四网融合等新理论,体现了当代具有中国特色的管理理念,涵盖了现代创业管理的新内容。他既是中国的,也是世界的,代表了当代最高的创业管理境界和水平。截至2014年年底,海尔在海外已建立起7个工业园、24个营销中心、37 000多个销售网络,在德国、日本、美国、新西兰建立了4个研发中心。

海尔集团董事局主席兼CEO张瑞敏在2015年首届世界互联网工业大会上提出"离开'跑步机'融入互联网新"理念。传统经济时代,企业就好像是在跑步机上跑步,即便显示跑了10 000步,但是停下来还在原地,不停下来也还是在原地。比如说企业目标就是产销量第一,好了,就多生产,生产出来给了谁不知道。给了经销商,经销商卖,卖不动就形成了两大问题,第一是库存,第二是应收账款,形成这两个问题没有其他办法,只能降价。在互联网时代,企业要跟上时代发展,一定要离开跑步机,融入“互联网+”新发展。具体到海尔而言,互联网工业变革之路该怎么走?一是企业平台化,二是用户个性化,三是员工创客化。

所谓企业平台化,就是颠覆传统的企业科层制,变成海尔的生态圈,整个企业变成网络,连接网络节点,所有资源都聚合在一起,共同来服务和创造用户。用户是交互的节点,企业的改进和努力都是为了提高用户体验。如今,在海尔平台上已孵化出2000多个创客小微,雷神游戏本、水盒子等一个个爆款都出自创客小微之手。在2015中国青年互联网创业大赛上,海尔内部孵化的创业小微“雷神”和iSee mini分别获得了金奖和铜奖。

所谓用户个性化,就是要让用户全程参与企业的研发、设计、生产售后和体验等。传统经济是大规模制造下的产销分离,而海尔正在建设的智能互联工厂,希望能做到“三化”,即无缝化、透明化、可视化。企业所做的一切和用户之间没有任何的距离,用户都可以看到。用户根据个人喜好选择个性定制。将信息自动传递给各个工序生产线及所有模块商、物流商,海尔生产线可以同时兼容不同模块同时生产,用户通过手机终端可以实时获取整个订单的生产情况。目前,郑州互联工厂已实现用户交互可视、订单可视等10个互联工厂关键能力节点。用户还能对产品直接评价或提出意见。在互联工厂,用户不仅仅是产品的“消费者”,更是产品的“创造者”,一个“人人自造”的时代正在到来。

所谓员工创客化,就是要把员工变成创客。海尔制定了一个动态合伙人制,员工来了之后可以入股投资,目标是达到“三自”,即自创业、自组织、自驱动。所谓自创业,就是在市场上发现了机会,就可以去创业。所谓自组织,发现了这个难题,要创业,可以在全球形成一个组织。所谓自驱动,现在企业没有人管员工了,而是用户管员工,企业不给员工发薪水,他们的薪水要靠市场上创造的价值得到,称之为“用户付薪”。在互联网时代,企业必须变成互联网的节点,对内打破组织,对外则推倒围墙。“世界就是我的研发部”,这是海尔开放创新的核心理念。在传统企业中,企业位于用户和合作伙伴中间,用户与合作伙伴的交互行为都要经过企业这一步。而海尔的开放创新平台则拆掉了这堵墙,让用户和合作伙伴在平台上零距离交互,企业变成提供交互场所的平台。一台电脑什么也不是,但是连到网上去,什么功能都有,企业也是这样。在这个过程中,企业要去中心化和去中介化。目前,在HOPE平台能够触及的一流资源有200万个以上,注册的资源用户超过10万。

用互联网改造工业,这个探索到现在为止没有一个现成的模式可以去借鉴,海尔一直在探索和试错。

探索“互联网+工厂”新模式。海尔已经实现40多条智能无人互联线体,实现700多个工序的自动化升级。在互联工厂,用户不仅仅是产品的“消费者”,更是产品的“创造者”。

全球首个电机智能互联工厂——海尔·斐雪派克电器电机智能互联工厂在黄岛海尔工业园开工生产。至此,海尔互联工厂的数量增加至7个,海尔集团在构建智能制造新生态上又落下重要一子。

在海尔看来,互联工厂不只是工厂的概念,而是打造生生不息的生态系统,通过互联网用户获得最佳体验,在满足用户个性化需求的同时更好地实现企业价值。2012年,海尔开始探索互联工厂。从一个工序的无人,到一个车间的无人,再到整个工厂的自动化,最后再到整个互联工厂。海尔的制造转型最终要建立起互联工厂生态系统,从用户创意交互定制开始,到研发、模块化采购、智能制造、智慧物流、智能服务,再到用户使用,以及产品的不断迭代,提供产品全生命周期的最佳体验。海尔在探索和试错中引领着中国制造业转型的方向。凭借定制平台,海尔智能家电等销量累计超过 100 万台(套),收入实现 10 倍速增长。2015 年 8 月,海尔推出行业首个透明工厂,以网络播报的形式将海尔透明工厂展现在全球观众面前,让非海尔用户也可以监控到“海尔制造”的实时场景。之所以“底气”这么足,源于海尔对自身智能制造水平的自信。

如果总结海尔创业成功的经验,可以用“七个一”来概括:一种精神(敬业爱国,追求卓越;2005 年又提出“创造资源,美誉全球”;2012 年提出互联网+转型);一个好的带头人(张瑞敏);一个好的执行团队(联合舰队);一个科学的战略规划和发展路径;一个好的管理体制和运行机制(基础管理+创新管理+激励机制);一个世界知名品牌(品牌的影响力);一个高效益企业集团(经济效益+社会效益)。2001 年,张瑞敏获得 CCTV 中国经济年度人物奖,给他的颁奖词是:“他让中国企业家看到了管理的力量,他让中国消费者享受了服务的魅力,他让哈佛的学子认识了中国人创造的企业文化。更重要的是,这位思想能力和实践能力相得益彰的企业家,在中国入世这一年,他领导企业在国际化的道路上走得更远。”目前,海尔正在实施新的发展战略,互联网+转型,进入新能源领域,抢占太阳能市场,海尔又进入一个新的发展期,必将为中国经济社会发展做出更大的贡献。